Marco Blumberg

Stadionverbot

Rechtliche Betrachtung eines zivilrechtlichen Instruments

Bachelor + Master
Publishing

Blumberg, Marco: Stadionverbot: Rechtliche Betrachtung eines zivilrechtlichen Instruments, Hamburg, Bachelor + Master Publishing 2013
Originaltitel der Abschlussarbeit: Stadionverbot · rechtliche Betrachtung eines zivilrechtlichen Instruments

Buch·ISBN: 978·3·95549·279·3
PDF·eBook·ISBN: 978·3·95549·779·8
Druck/Herstellung: Bachelor + Master Publishing, Hamburg, 2013
Zugl. FernUniversität in Hagen, Hagen, Deutschland, Masterarbeit, September 2011

Bibliografische Information der Deutschen Nationalbibliothek:
Die Deutsche Nationalbibliothek verzeichnet diese Publikation in der Deutschen
Nationalbibliografie; detaillierte bibliografische Daten sind im Internet über
http://dnb.d·nb.de abrufbar.

© Bachelor + Master Publishing, Imprint der Diplomica Verlag GmbH
Hermannstal 119k, 22119 Hamburg
http://www.diplomica·verlag.de, Hamburg 2013
Printed in Germany

Gliederung

Abkürzungsverzeichnis

AG	*Amtsgericht*
BAG-Fanprojekte	*Bundesarbeitsgemeinschaft der Fanprojekte*
Bay PAG	*Bayrisches Polizeiaufgabengesetz*
BDSG	*Bundesdatenschutzgesetz*
BGB	*Bürgerliches Gesetzbuch*
BGH	*Bundesgerichtshof*
Bpb	*Bundeszentrale für politische Bildung*
Brem Polg	*Bremer Polizeigesetz*
DFB	*Deutscher Fußball Bund*
DFL	*Deutsche Fußball Liga*
Fußball-WM	*Fußball Weltmeisterschaft*
GG	*Grundgesetz*
GVG	*Gerichtsverfassungsgesetz*
Hrsg	*Herausgeber*
IMK	*Innenministerkonferenz*
JR	*Juristische Rundschau*
JZ	*Juristen Zeitung*
LG	*Landgericht*
LZPD	*Landesamt für Zentrale Polizeiliche Dienste*
NdsSOG	*Niedersächsisches Gesetz über die öffentliche Sicherheit und Ordnung*
NJW	*Neue Juristische Wochenzeitung*
NKSS	*Nationales Konzept Sport und Sicherheit*
NRW	*Nordrhein-Westfalen*
NVwZ	*Neue Zeitschrift für Verwaltungsrecht*
OLG	*Oberlandesgericht*
PHB SportR	*Praxishandbuch des Sportrechts*
PM	*Pressemitteilung*
POLG NRW	*Polizeigesetz Nordrhein-Westfalen*
RGZ	*Entscheidungen des Reichsgerichts in Zivilsachen*
RW	*Rechtswissenschaft*
SpuRt	*Sport und Recht*
StPO	*Strafprozessordnung*
StVerRl	*Richtlinien zur einheitlichen Behandlung von Stadionverboten*
ZIS	*Zentrale Informationsstelle Sporteinsätze*
ZPO	*Zivilprozessordnung*

A. Das Stadionverbot

„Seit Jahren treten anlässlich von Sportveranstaltungen, insbeson-
dere anlässlich von Veranstaltungen des bezahlten Fußballs, ge-
waltbereite oder gewalttätige Gruppierungen in Erscheinung."[1]

Dieses Zitat stammt nicht etwa aus der heutigen Zeit, sondern es be-
schreibt die Ausgangslage, welche 1991 dazu geführt hat, dass die Arbeitsgruppe Nationales Konzept Sport und Sicherheit (NKSS) ins Leben
gerufen wurde.

Um das „Gewaltphänomen" in den Griff zu bekommen, war ein Ergebnis
dieser Arbeitsgruppe, das zivilrechtliche Instrument des Stadionverbotes
zu modifizieren.[2] Aber was bedeutet überhaupt der Begriff zivilrechtliches
Stadionverbot? Die Definition des zivilrechtlichen Stadionverbotes, welche
in den Richtlinien zur einheitlichen Behandlung von Stadionverboten
(StVerRl)[3] verankert wurde, lautet:

„Ein Stadionverbot ist, die auf der Basis des Hausrechts, gegen ei-
ne natürliche Person wegen sicherheitsbeeinträchtigenden Auftre-
tens im Zusammenhang mit dem Fußballsport, insbesondere
anlässlich einer Fußballveranstaltung, innerhalb oder außerhalb ei-
ner Platz- oder Hallenanlage, vor, während oder nach der Fußball-
veranstaltung festgesetzte Untersagung bei vergleichbaren zukünf-
tigen Veranstaltungen eine Platz- oder Hallenanlage zu betreten
bzw. sich dort aufzuhalten."[4]

Neben dem auf dem Zivilrecht basierenden Stadionverbot gibt es in allen
Bundesländern auf Grundlage des öffentlichen Rechts zusätzlich die
Möglichkeit, bestimmten Personen das Betreten der Stadien oder eines
Stadions zu verbieten.

---

[1] Arbeitsgruppe NKSS, S. 7.
[2] Vgl. Arbeitsgruppe NKSS, S. 22.
[3] Vgl. StVerRl des DFB.
[4] § 1 Abs. 1 StVerRl.

Am Beispiel von Nordrhein-Westfalen besteht diese Möglichkeit durch die Meldeauflage und das Aufenthaltsverbot, welche sich insbesondere aus der polizeirechtlichen Generalklausel gem. § 8 Abs. 1 PolG NRW ergeben.[5] Dazu besteht gem. § 34 Abs. 1 PolG NRW die Möglichkeit einen Platzverweis auszusprechen und in besonderen Fällen besteht die Handhabe der präventiven Gewahrsamnahme gem. § 35 Abs. 1 Nr. 2,3 PolG NRW.

Diese öffentlich-rechtlichen Maßnahmen sind aber von den, in dieser Arbeit zu behandelnden zivilrechtlichen Stadionverbote zu unterscheiden.

Trotz der Tatsache, dass bei jährlich ca. 18 Millionen Stadionbesuchen gegenwärtig „nur" ca. 3.000 Bürger von einem Stadionverbot betroffen sind (Stand März 2011),[6] bekommt das Instrument Stadionverbot seit jeher eine enorme Aufmerksamkeit.[7] Dies liegt neben der umstrittenen rechtlichen Bewertung vor allem auch darin begründet, dass es im Zusammenhang mit dem Fußball, einem der größten Kulturgüter dieses Landes, steht.[8]

Durch die fokussierte Darstellung des Ereignisses Fußball, ist es zwangsläufig, dass auch die sicherheitsrelevanten Ereignisse, auch wenn sie im Verhältnis sehr selten vorkommen, ein vielbeachtetes Thema sind.[9] Nicht nur die Medien und die Gesellschaft, sondern auch die Justiz beschäftigt sich mit diesen sicherheitsrelevanten Ereignissen rund um Fußballveranstaltungen.[10]

Das Instrument des bundesweiten Stadionverbotes ist sehr umstritten.[11] Zum einen aufgrund der erheblichen Einschränkungen für den Betroffenen, zum anderen aber auch deswegen, weil das Instrument des bundesweiten Stadionverbotes in Deutschland einzigartig ist. In keinem anderen

---

[5] Siehe auch z.B. § 1, 3 PolG BW, § 11 NdsSOG, § 9 Abs. 1 S.1 PolG RLP, § 14 BPolG.

[6] Vgl. Evaluierung Stadionverbote S. 2; ZIS Jahresbericht 2009/2010, S. 16; Walker, Bundesweite Stadionverbote auf dem Prüfstand; S. 492.

[7] Vgl. Stadionwelt 2005, Heft 6, S. 26, Biermann, Freunde für einen Tag; Schneider, Stadionverbote auf Verdacht; Glindmeier, Der lange Weg zum Recht auf Fußball; Spahn, Sicherheitskonzeption des DFB, S. 16; Marzahn, ZJS 3/2010, S. 428; Winter, Stadionverbote, S 4.

[8] Vgl. Klesczewski, JZ 5/2010, S. 251; Marzahn, ZJS 3/2010, S. 428.

[9] Vgl. Sengle, Stadionwelt 2005, S. 28; Klesczewski, Geburtstagsgabe, S. 64 f.

[10] Vgl. Breucker, JR 2005, S. 133; Walker, Bundesweite Stadionverbote auf dem Prüfstand; S. 492.

[11] Vgl. Brauer, Foulspiel auf den Rängen, S. 49; Sport und Gewalt, Höfling, S. 7; Hardenberg, Stadionverbot, S. 27; Orth/Schiffbauer, RW 2011, S. 179; Winter, Stadionverbote, S. 4.

Bereich kann ein Hausverbot automatisch auch für andere Hausrechtsinhaber ausgesprochen werden. Es gilt somit an weiteren Orten, an denen der Aussprechende nicht Hausrechtsinhaber ist.[12]

Daher beschäftigt dieses Thema mittlerweile auch die höchstrichterliche Rechtsprechung. Unmittelbar gegen das erste BGH-Urteil[13] zu dieser Thematik wurde bereits Verfassungsbeschwerde eingelegt.[14]

Dies zeigt, dass dieses Instrument auch zwangsläufig ein Thema für Rechtsanwälte ist. Besonders dokumentiert wird dies auch durch die Gründung der Arbeitsgemeinschaft „Fananwälte".[15]

Diese Arbeit soll das in der Gesellschaft und der juristischen Literatur kontrovers diskutierte zivilrechtliche Instrument besonders beleuchten. Sie legt neben den Informationen über das Instrument des Stadionverbotes und der Bewertung der Rechtmäßigkeit (insbesondere der StVerRl), einen weiteren Schwerpunkt auf die tatsächliche Anwendung und die sich daraus ergebenden Probleme sowie die individuellen Reaktionsmöglichkeiten des Betroffenen.

I.   Entwicklung des Instruments Stadionverbot

1. Sinn und Zweck des bundesweiten Stadionverbotes

Auch wenn dem Fußballsport eine gewisse Härte immanent ist,[16] gibt es prozentual auf die vielen Spiele und die riesigen Zuschauermassen gesehen, nicht besonders viele sicherheitsrelevante Vorkommnisse.[17] Danach besteht aus Sicht der Vereine ein Interesse daran, sicherheitsrelevante Vorkommnisse in den Stadien zu verhindern, um nicht von den Besuchern zivilrechtlich für erlittene Beeinträchtigungen durch sicherheitsrelevantes Verhalten anderer Stadionbesucher in Anspruch genommen zu werden.[18]

---

[12] Vgl. Orth/Schiffbauer, RW 2011, S. 179.
[13] Vgl. BGH Urteil vom 30.10.2009, Az.: V ZR 253/08; BGH, NJW 2010, S. 535 ff..
[14] Vgl. Az. 1 BvR 3080/09 beim 1. Senat des BVerfG.
[15] Vgl. www.fananwaelte.de.
[16] Vgl. Klesczewski, Geburtstagsgabe, S. 63.
[17] Vgl. Volke, Sicherheit im Stadion – bedroht durch Fans, Seite 13; ZIS Jahresbericht 2009/2010, S. 10.
[18] Vgl. Sport und Gewalt, Walker, S. 57; Breucker, JR 4/2005, S. 133; Marzahn, ZJS 3/2010, S. 429.

Da ihnen gegenüber eine vertragliche Schutzpflicht in Form der Verkehrs-sicherungspflicht besteht.[19]

Zudem ist es durch die immer friedliebendere und elitärer werdende Gesellschaft so, dass auch die wenigen Fälle eine enorme Aufmerksamkeit bekommen und anders bewertet werden und so zu einem Imageverlust führen.[20]

Bereits vor der Einführung des bundesweiten Stadionverbotes durch die StVerRl, haben die einzelnen Vereine und Stadienbetreiber ihr sogenann-tes Hausrecht ausgeübt und unliebsame Besucher, gerade solche, die gegen die Stadionordnungen verstoßen hatten oder im Stadion straffällig geworden waren, durch örtliche Stadionverbote von dem Besuch ihrer Stadien ausgeschlossen.[21] Allerdings war dies noch nicht ausreichend, um die zum Teil erheblichen Gewalttätigkeiten einzudämmen, welche in den 70er und 80er Jahren rund um den Fußball zu verzeichnen waren.[22]

Der Grund für die Ausweitung des bereits lokal angewandten Stadionver-botes lag also darin, dass Stadionverbote vermehrt dazu beitragen sollten, Gefahren für die öffentliche Sicherheit oder Ordnung abzuwenden und so den Besuch einer Fußballveranstaltung für alle interessierten Zuschauer ohne Beeinträchtigung und in friedlich-sportlicher Atmosphäre zu ermögli-chen.[23]

Dazu hatte die Innenministerkonferenz (IMK) festgestellt, dass das örtli-che Stadionverbot ein grundsätzlich wirksames Mittel zur Bekämpfung von sicherheitsrelevanten Verhaltens ist, welches aber noch nicht ausreicht, um die Vorkommnisse komplett aus den Stadien zu verbannen.[24] Daher wurden Modifizierungsmöglichkeiten gesucht, um dem Problem der sicherheitsrelevanten Vorkommnisse effektiver begegnen zu können.

Dabei ist das in der StVerRl verankerte bundesweite Stadionverbot ent-standen. Es sollte gem. § 1 Abs. 2 StVerRl als zivilrechtliche Präventiv-

---

[19] Vgl. BGH, NJW 2010, S. 535; Breucker, SpuRt 4/2005 S. 136, Sport und Gewalt, Walker, S. 57 ff..

[20] Vgl. Bpb, Heft 290, S. 41; Klesczewski, Geburtstagsgabe, S. 63; Weller, NJW 2007, S. 961.

[21] Vgl. Stadionwelt 2005, Heft 6, S. 26; Arbeitsgruppe NKSS, S. 20.

[22] Vgl. Bpb, Heft 290, S. 39; Klesczewski, Geburtstagsgabe, S 63; Diener/Partecke, Stadionwelt 2005, S. 34.

[23] Vgl. Arbeitsgruppe NKSS, S. 20.

[24] Vgl. Arbeitsgruppe NKSS, S. 7 f.

maßnahme stärker dazu beitragen, dass zukünftiges sicherheitsbeeinträchtigendes Verhalten in den Stadien unterbunden wird.

Die zukünftige Verbannung bereits einmal sicherheitsrelevant Aufgetrete-
ner aus allen Stadien soll verhindern, dass diese Täter erneut auffällig
werden. Zusätzlich soll es die Täter aus den Gruppen und vorhandenen
Strukturen reißen.[25] Der Aufenthalt in solchen Gruppen soll „sanktioniert",
bzw. so unattraktiv wie möglich gemacht werden, um derartige Gruppen
zu schwächen.[26] Denn allein die Zugehörigkeit zu einer gewaltbereiten
Gruppe erhöht die Wahrscheinlichkeit gewalttätigen Verhaltens.[27]

Dazu soll die abschreckende Wirkung für noch nicht Betroffene zu nach-
haltigen positiven Verhaltensänderungen der anderen gewaltbereiten
Besucher führen, um die Anreise und den Stadionbesuch für alle möglichst
sicher zu gestalten.[28]

2. Einführung des bundesweiten Stadionverbotes

Bei ihrer turnusgemäßen Sitzung im Mai 1991 hat die IMK beschlossen,
dass zur Eindämmung der Gewalttaten im Zusammenhang mit Fußballveranstaltungen ein gemeinsames Handeln aller Beteiligten notwendig ist.[29]
Daher wurde unter Federführung des Landes Nordrhein-Westfalens die
Arbeitsgruppe „Nationales Konzept Sport und Sicherheit" (NKSS) gegrün-
det.[30] Teilnehmer der Arbeitsgruppe waren: Der Deutsche Fußballbund,
der Deutsche Sportbund, der Deutsche Städtetag, die Innenministerkonferenz, die Jugendministerkonferenz, die Sportministerkonferenz und das
Bundesministerium des Innern und Bundesministerium für Frauen und
Jugend.[31] Als Handlungsfelder hat die IMK, neben vielen weiteren präventiven und pädagogischen Aufgaben, auch das bundesweite Stadionverbot
thematisiert.[32]

---

[25] Vgl. Arbeitsgruppe NKSS, S. 20.
[26] Vgl. Arbeitsgruppe NKSS, S. 20.
[27] Vgl. Arbeitsgruppe NKSS, S. 7; Walker, Bundesweite Stadionverbote auf dem Prüfstand, S. 491.
[28] Vgl. Arbeitsgruppe NKSS, S. 20 f.
[29] Vgl. Arbeitsgruppe NKSS, S. 7; Sport und Gewalt, Nolte, S. 38.
[30] Vgl. Arbeitsgruppe NKSS, S. 7 f; Winter, Stadionverbote, S. 4.
[31] Vgl. Arbeitsgruppe NKSS, S. 7.
[32] Vgl. Arbeitsgruppe NKSS, S. 8 f; Winter, Stadionverbote, S. 4.

Daraufhin hat der DFB sich, seine Vereine und später den Ligaverband in seiner Richtlinie zur Verbesserung der Sicherheit bei Bundesspielen – in Kraft getreten am 01. Juli 1991 – dazu verpflichtet, einfache von den Vertragspartnern ausgesprochene Stadionverbote zu übernehmen und dadurch einen ersten Schritt zu bundesweiten Stadionverboten unternommen.[33] In den Richtlinien wurden die Bundesligavereine zunächst verpflichtet, Stadionverbote zu melden, die wegen schwerwiegenden Fehlverhaltes ausgesprochen wurden. Der DFB sollte diese wiederum an die anderen Vereine weitergeben. Die anderen Vereine sollten dann ebenfalls Stadionverbote gegenüber den Betroffenen aussprechen.[34]

In ihrem Mitte Dezember 1992 vorgelegten Ergebnisbericht hat die Arbeitsgruppe NKSS unter anderem auch eine differenzierte Ausarbeitung zu den Voraussetzungen für die Erteilung von bundesweiten Stadionverboten und dem anzuwendenden Verfahren bei Erhalt von Stadionverboten vorgestellt.[35]

In der folgenden Zeit hat dann der DFB die Richtlinie zur Verbesserung der Sicherheit bei Bundesspielen überarbeitet und insbesondere den § 31 in diese Richtline eingeführt.[36] In § 31 der Richtline zur Verbesserung der Sicherheit bei Bundesspielen wird klargestellt, dass gegen Personen, die im Zusammenhang mit dem Fußball gewalttätig in Erscheinung treten, ein Stadionverbot verhängt werden soll. Da die Vereine die Verhängung von Stadionverboten zum Teil sehr unterschiedlich gehandhabt haben, hat der DFB-Ausschuss für Sicherheitsangelegenheiten zum 01. Juli 1993 die „Richtlinie zur einheitlichen Behandlung von Stadionverboten" (StVerRl) eingeführt.[37] Damit wurde der nächste große Schritt zu bundesweiten Stadionverboten gemacht und die Verhängungspraxis wurde angeglichen und vereinheitlicht.

---

[33] Vgl. Hilpert, Das Fußballstrafrecht des DFB, S. 236.
[34] Vgl. Arbeitsgruppe NKSS, S. 20.
[35] Vgl. Arbeitsgruppe NKSS, S. 20 f, Breucker, SpuRt 4/2005 S.136.
[36] Vgl. Ruhs, Sicherheit und Ordnung, S. 19.
[37] Vgl. Orth/Schiffbauer, RW 2011, S. 182.

3. Reformen

In der Folgezeit wurde die StVerRl, unter anderem auf Druck von Faniniti-
ativen, Fanvertretern und Fanprojekten, mehrfach neu gefasst.[38] Aber
auch aus den eigenen Reihen der Arbeitsgruppe NKSS gab es kritische
Stimmen hinsichtlich der Einführung von bundesweiten Stadionverboten,
welche Änderungen zur Folge hatten.[39]

Alle Änderungen aufzuführen würde den Rahmen dieser Arbeit überschrei-
ten. Dennoch sind zwei Reformen hervorzuheben, da diese in den letzten
Jahren zu erheblichen Veränderungen geführt haben.

Zum 1. Juni 2005 sind die Richtlinien insbesondere dahingehend geändert
worden, dass die bis dato geltenden Standardfristen von drei und fünf
Jahren in Höchstdauern umgewandelt wurden. Auf Wunsch der Fans
wurde daneben, noch ein nachträgliches Anhörungsrecht und die Erleich-
terung, dass bei der Einstellung des staatsanwaltschaftlichen Ermittlungsverfahrens nicht noch zusätzlich die Unschuld bewiesen werden muss,
geschaffen.[40]

Nachdem sich der Protest der Fans über die Verhängungspraxis von
Stadionverboten fortgesetzt hatte, versprach der DFB auf seinem Fan-
Kongress im Juni 2007 in Leipzig, zu dem 300 ausgewählte Fußballfans
eingeladen wurden, die StVerRl noch einmal zu überarbeiten.[41] Daraufhin
ist eine weitere wichtige Reform der Richtlinie zum 31. März 2008 in Kraft
getreten.

Die Verhängung sollte durch die Veränderungen, die hauptsächlich auf
dem Positionspapier der Interessengemeinschaft „Unsere Kurve" basier-
ten, transparenter und gerechter werden.[42]

Neben der erneuten deutlichen Verkürzung der Dauer der Stadionverbote
wurden insbesondere die Regelungen um die Anhörung konkretisiert und

---

[38] Vgl. Stadionwelt 2005, Heft 6, S. 26; Hilpert, das Fußballstrafrecht des DFB, S. 23; Stadionwelt, Neufassung der Stadionverbotsrichtlinien beschlossen.

[39] Vgl. Fan-Projekt Berlin, Zum Umgang mit bundesweiten Stadionverboten; Arbeitsgruppe NKSS, S. 23.

[40] Vgl. Sengle, Stadionwelt S. 28; Weinreich, Stadionwelt S. 37.

[41] Vgl. Hilpert, das Fußballstrafrecht des DFB, S. 237, Stadionwelt, Neue Richtlinien gelten ab dem 31. März.

[42] Stadionwelt, Neufassung der Stadionverbotsrichtlinien.

erweitert. Zusätzlich wurden die Möglichkeiten für eine Aussetzung, Reduzierung oder Aufhebung deutlich erleichtert und hervorgehoben.[43]

Die Änderung und Flexibilisierung der Stadionverbotsrichtlinien ist insbesondere bei der Polizei und manchen Politikern auf deutliche Ablehnung gestoßen.[44] Sie vermuteten dadurch eine Einschränkung der Wirksamkeit der StVerRl. Bei den Interessenvereinigungen der Fans ist sie hingegen wohlwollend aufgenommen worden.[45]

II. Grundlage des bundesweiten Stadionverbotes

Da es sich um einen zivilrechtlichen Anspruch zwischen zwei Gleichberechtigten handelt, muss ein Stadionverbot, um gegenüber dem Betroffenen Wirksamkeit zu entfalten, für das verlangte Verhalten des Betroffenen gem. § 194 BGB auf einer entsprechenden Anspruchsgrundlage basieren.

Wie oben ausgeführt, gibt es verschiedenste Regelungen und Normen, welche für das Instrument Stadionverbot einschlägig sind. Dies ist vor allem die StVerRl des DFB, die dafür sorgt, dass die Verhängungspraxis der Stadionverbote sich an gewissen Regeln orientiert und möglichst einheitlich verläuft.[46] Da die StVerRl sehr umfänglich das Institut Stadionverbot regelt, könnte diese auch als Anspruchsgrundlage für den Ausspruch eines lokalen und bundesweiten Stadionverbotes dienen.

1. Regelungen des DFB, insbesondere die StVerRl

Für die Frage, ob die StVerRl eine wirksame Anspruchsgrundlage des Aussprechenden gegen den Betroffenen eines Stadionverbotes darstellt, ist zunächst zu klären, was die StVerRl im Detail überhaupt regelt.

---

[43] Vgl. Hilpert, das Fußballstrafrecht des DFB, S. 237, Stadionwelt, Neufassung der Stadionverbotsrichtlinien.

[44] Vgl. Hilpert, Das Fußballstrafrecht des DFB, S. 237; Kühl, Event oder Randale.

[45] Vgl. Busch, Stadionwelt 2005, S. 27; Stadionwelt, Weitere Stimmen zu den Stadionverbotsrichtlinien; BAG- Fanprojekte, Pressemitteilung.

[46] Vgl. Orth/Schiffbauer, RW 2011, S. 179; Marzahn, ZJS 3/2010, S. 430.

a) Inhalt der StVerRl

In der aktuellen StVerRl hat die zuständige DFB-Kommission „Prävention und Sicherheit" ein Regelwerk geschaffen, das in elf Paragraphen festsetzt, was ein Stadionverbot ist, wie es ausgesprochen wird und welches Verfahren zur Aussprache, Reduzierung und Aussetzung angewandt werden muss.

Hauptsächlich soll die StVerRl das Aussprechen des bundesweiten Stadionverbotes ermöglichen und auch vereinheitlichen.[47] Dafür haben sich die Vereine in § 1 Abs. 5 StVerRl dazu bevollmächtigt, direkt im Namen der anderen Vereine das Stadionverbot auf deren Stadien zu erweitern.

Neben den Definitionen und den Regelungen um die Zuständigkeit sind insbesondere die Vorschriften über die Aussprache- und Beendigungsvoraussetzungen in den §§ 4 – 7 StVerRl von besonderem Interesse.

aa) Gründe

Die StVerRl ist aus sich heraus für alle sicherheitsbeeinträchtigenden Situationen rund um den Fußball anwendbar.[48] Sie sind damit nicht lediglich auf Fälle körperlicher Gewaltanwendung beschränkt. Mögliche Gründe für die Verhängung eines Stadionverbotes sind gem. § 4 Abs 1, 2 StVerRl sowohl die nachgewiesenen Verstöße gegen die Stadionordnung als auch sonstiges sicherheitsbeeinträchtigendes Auftreten sein.

Aber auch bei Vorliegen von bestimmten Verdachtsmomenten, soll es gem. § 4 Abs. 3 StVerRl dazu kommen, dass bundesweite Stadionverbote ausgesprochen werden. Gerade bei eingeleiteten Ermittlungsverfahren, in Bezug auf ein vergangenes Verhalten in den aufgeführten Katalogtaten, sollen bundesweite Stadionverbote verhängt werden.

An dieser Stelle ist bereits anzumerken, dass sich nicht ein Aussprachegrund auf das zu erwartende zukünftige Verhalten des Betroffenen bezieht, sondern an das zurückliegende Verhalten angeknüpft wird.

---

[47] Vgl. Orth/Schiffbauer, RW 2011, S. 185; Marzahn, ZJS 3/2010, S. 430.
[48] Vgl. Orth/Schiffbauer, RW 2011, S. 182; Walker, Bundesweite Stadionverbote auf dem Prüfstand, S. 492.

bb) Ermessen

Weiter von Bedeutung sind die Regelungen darüber, welcher individuelle Bewertungsspielraum (Ermessensspielraum) für den aussprechenden Verein besteht. Formell gesehen finden sich in der StVerRl sowohl die Verpflichtung („ist auszusprechen"), das intendierte Ermessen („soll aussprechen") als auch das freie Ermessen („kann aussprechen"). Der weit überwiegende Teil beschäftigt sich aber mit den aufgeführten Katalogtaten, bei denen „lediglich" ein intendiertes Ermessen vorliegt.

Ein freies Ausspracheermessen liegt gem. § 4 Abs. 5 StVerRl nur dann vor, wenn die Verfehlung im Ausland stattgefunden hat. Dies ist natürlich auch in der Praxis ein eher seltener Anwendungsfall. Gem. § 4 Abs. 1 StVerRl „ist" ein Stadionverbot auszusprechen, wenn der Adressat entweder in einer die Menschenwürde verletzenden Art und Weise oder sicherheitsbeeinträchtigend aufgetreten ist.

Diese Formulierung bedeutet, dass bei nachgewiesenen Verletzungen der Menschenwürde und bei sicherheitsbeeinträchtigendem Verhalten eine Reduzierung des Ermessens auf null vorliegt.

Die möglichen Ermessensspielräume beziehen sich auf die Frage, ob ein örtliches oder überörtliches Stadionverbot verhängt werden soll. Orth und Schiffbauer stellen dies etwas anders dar, kommen aber am Ende zu denselben Ergebnissen.[49] Aus ihrer Sicht kommt es zunächst auf die Betrachtung der Absätze zwei bis fünf an.[50] Sollten diese Tatbestandsvoraussetzungen erfüllt sein und daneben noch die Voraussetzungen des § 4 Abs. 1 StVerRl vorliegen, wandelt sich das grundsätzliche intendierte Ermessen in eine Festsetzungspflicht.[51]

Dies überzeugt aber nicht, denn die Reihenfolge der Absätze spricht dafür, dass zunächst allgemein geregelt wurde, dass bei erwiesenem Verstoß ein Stadionverbot auszusprechen ist. Sodann wird geregelt, welcher Art das Stadionverbot sein soll. Bei minder schweren Fällen soll ein örtliches Stadionverbot ausgesprochen werden und bei schweren Verstößen, auch

---

[49] Vgl. Orth/Schiffbauer, RW 2011, S. 187.
[50] Vgl. Orth/Schiffbauer, RW 2011, S. 187.
[51] Vgl. Orth/Schiffbauer, RW 2011, S. 187.

bei nur eingeleiteten Ermittlungsverfahren, soll ein bundesweites Stadionverbot ausgesprochen werden.

cc) Dauer

Als Mindestlänge sieht die StVerRl in § 5 Abs. 1 Satz 1 StVerRl ein einwöchiges Stadionverbot vor. Bei der Dauer des ausgesprochenen Stadionverbotes werden in § 5 Abs. 2 StVerRl drei Kategorien (A, B und C) gebildet, die auf der Grundlage des ausgesprochenen Stadionverbotes die Höchstgrenzen festlegen.

Die längste Dauer eines Stadionverbotes ist gem. § 5 Abs. 2 Alt. 3 StVerRl in Fällen des besonders schweren Falles, der Kategorie C vorgesehen. Dort kann es längstenfalls zu einem Ausspruch bis zum 30. Juni des dritten Jahres, das auf die laufende Spielzeit folgt, kommen. Dies bedeutet, dass ein Stadionverbot, je nachdem zu welchem Zeitpunkt der laufenden Saison es festgesetzt wird, von drei Jahren bis knapp vier Jahren dauern kann.

Unter Beachtung dieser ungleichen Höchstrahmen richtet sich die individuelle Dauer eines erteilten Stadionverbotes insbesondere nach den Kriterien, die auch im Strafrecht herangezogen werden, um eine tat- und schuldangemessene Bestrafung zu ermitteln. Aufgeführt werden die Bewertungsgrundlagen in einem Katalog in § 5 Abs. 1 Satz 2 StVerRl. Diese Kategorien basieren weit überwiegend auf dem vergangenen Vorfall, welcher Grundlage des Stadionverbotes geworden ist. Also auf der Bewertung der sicherheitsrelevanten Beeinträchtigung.

Allerdings ist bei der tatsächlichen Dauer der Stadionverbote zu berücksichtigen, dass das Vorliegen entsprechender Voraussetzungen zu einer Reduzierung, Aussetzung oder Aufhebung kommen kann.

dd)   Beendigungsvoraussetzungen

Neben dem eigentlichen zeitlichen Ablauf des festgesetzten Stadionverbotes eröffnen die §§ 6, 7 StVerRl die Möglichkeiten, noch nicht vollständig abgelaufene Stadionverbote zu beenden oder aber zumindest zu verkürzen.

Der aussprechende Verein muss z.B. das von ihm ausgesprochene Stadionverbot aufheben, wenn sich gem. § 6 Alternative 1 StVerRl herausgestellt hat, dass die gegen den Betroffenen erhobenen Vorwürfe zu Unrecht erhoben wurden. Weiter regelt § 6 Alternative 2 StVerRl, bei welchen Einstellungsarten des staatsanwaltschaftlichen Ermittlungsverfahrens der aussprechende Verein das Stadionverbot hinsichtlich des Bestandes und der Dauer überprüfen muss.

Mit deutlich mehr Ermessens- und Anwendungsspielraum wird den aussprechenden Vereinen in § 7 StVerRl ein Rahmen an die Hand gegeben, wonach sie die Reduzierung, die Aufhebung und die Aussetzung des Stadionverbotes als Milderung anwenden können. Voraussetzung ist aber immer, dass der aussprechende Verein die Zielsetzung des Stadionverbotes berücksichtigt.

b) Rechtsnatur

Von ihrem Inhalt könnte die StVerRl eine Anspruchsgrundlage für die Aussprache eines Stadionverbotes darstellen. Fraglich ist aber, welche Rechtsnatur die StVerRl hat und ob Sie damit bindend für den Betroffenen ist.

Der DFB ist ein eingetragener Verein und eine Vereinigung der Fußball Landes- und Regionalverbände sowie des Ligaverbandes.[52] Aus dem Gedanken der Vereinsautonomie ergibt sich, dass ein Verein neben seiner Satzung noch weiteres Innenrecht schaffen kann.[53] Daher kann auch der DFB eigenständig verbandliches Innenrecht schaffen.

Dieses Innenrecht ist für alle oben genannten, dem Verein angeschlossenen Mitglieder wirksam. Da die einzelnen Fußballvereine[54] nicht unmittelbar Mitglieder des DFB sind sondern entweder Mitglieder der DFL oder der

---

[52] Vgl. Satzung des DFB, § 1.

[53] Vgl. Bamberger/Roth, Schöpflin, § 25 Rn. 20; Palandt, Ellenberger, § 25 Rn. 6.

[54] Gemeint sind entsprechend dem Wirkungskreis des DFB und nach der Präambel der StVerRl „Vereine und Kapitalgesellschaften (Tochtergesellschaften), die im Folgenden der Einfachheit halber nur als „Vereine" bezeichnet werden.

entsprechenden Landesverbände sind, entfaltet auch die Satzung des DFB keine unmittelbare Wirkung für die Vereine.[55] Allerdings haben alle Vereine und Landesverbände dynamische Verweisungen in Ihren Satzungen und Unterwerfungserklärungen, so dass mittelbar doch wieder für alle Vereine das DFB-Recht gilt.

Da die StVerRl keinen Teil der Satzung darstellt, ist sie eine vereinsrechtliche Ordnung. Um als Ordnung verbandsrechtliche Wirkung zu entfalten, muss sie auf einer verbandsrechtlichen Ermächtigungsgrundlage basieren.[56] In der Satzung des DFB ist nicht direkt festgehalten, dass eine derartige Richtlinie erlassen werden kann.[57] Somit bedarf es einer weiteren Kette von Ermächtigungsgrundlagen.

Gem. § 6 Nr. 4 Satz 2 Halbs. 2 der Satzung des DFB, können größere Sachgebiete im Rahmen einer vereinsrechtlichen Ordnung geregelt werden. Die Spielordnung, welche in der aktuellen Fassung seit dem 1. Januar 2008 in Kraft ist,[58] ist eine derartige allgemeinverbindliche Ordnung.

In § 51 der Spielordnung ist geregelt, dass der Spielausschuss mit Zustimmung des DFB-Präsidiums weitere Durchführungsbestimmungen erlassen kann. Diese Durchführungsbestimmungen[59] ergänzen gemäß ihrer Präambel die §§ 40 ff. der Spielordnung des DFB.

Eine dieser sechs Durchführungsbestimmungen ist die Richtline zur Verbesserung der Sicherheit bei Bundesspielen, die in ihrer aktuellen Fassung seit dem 01. November 2009 in Kraft ist.[60]

Diese Richtline, die für alle Vereine, die Bundesspiele ausrichten, verbindlich ist, enthält in § 31 die weitere Ermächtigungsgrundlage zum Erlass einer differenzierten Regelung. Durch diese Ermächtigungskette entfaltet diese differenzierte Regelung (die StVerRl) für alle diese Vereine, unmittelbare und verpflichtende Wirkung.

---

[55] Vgl. Orth/Schiffbauer, RW 2011, S. 192; Marzahn, ZJS 3/2010, S. 431.
[56] Vgl. Orth/Schiffbauer, RW 2011, S. 184.
[57] Vgl. Satzung des DFB.
[58] Vgl. Spielordnung des DFB.
[59] Vgl. Durchführungsbestimmungen des DFB.
[60] Vgl. Durchführungsbestimmungen des DFB.

c) Rechtmäßigkeit der StVerRl

Fraglich ist, ob die ordnungsgemäß zustande gekommene StVerRl auch ihrem Inhalt nach rechtmäßig ist. Auf den ersten Blick scheint dies eindeutig, da der BGH die StVerRl bestätigt hat und sogar festgestellt hat, dass die StVerRl ein ausgewogenes Regelwerk darstellt.[61]

Da der BGH nicht die StVerRl überprüft hat, sondern ein zivilrechtliches Klageverfahren über ein Stadionverbot entschieden hat und gegen diese Entscheidung noch eine Verfassungsbeschwerde anhängig ist, sind die Regelungen der StVerRl dahingehend zu überprüfen, ob sie den gesetzlichen Anforderungen der Verfassungsmäßigkeit genügen.

aa) Privatstrafe

Die StVerRl könnte ob ihrer vielen den Betroffenen belastenden Regelungen eine verbotene Privatstrafe darstellen. Eine private Strafe mit schuldbezogener Sühnefunktion verstößt gegen das staatliche Strafmonopol und damit gegen die verfassungsmäßige Ordnung, die sich aus Art. 2 I, 92 GG ergibt.[62]

Das Strafmonopol des Staates umfasst alle Sanktionen, die der Bestrafung und Abschreckung, also dem Schutz der Allgemeinheit, dienen.[63] Dieses Monopol hat der Staat um mit Hilfe des Amtsermittlungsgrundsatzes und den besonderen Rechten der Beschuldigten einen starken Schutz vor falschen und willkürlichen Entscheidungen zu garantieren.[64] So sind Privatstrafen nicht an die rechtsstaatlichen Garantien wie insbesondere der Unschuldsvermutung und dem Verbot der Doppelbestrafung gebunden und widersprächen damit erheblich den verfassungsmäßigen Grundrechten.[65]

Sollten die vorliegenden Regelungen der StVerRl eine Privatstrafe mit Sühnefunktion darstellen, wären sie verfassungswidrig.

---

[61] Vgl. BGH, NJW 2010, S. 535.
[62] Vgl. Staudinger, Rieble, § 339 Vorbemerkung Rn. 128.
[63] Vgl. BGH NJW 1992, S. 3104; Staudinger, Rieble, § 339 Vorbemerkung Rn. 128.
[64] Vgl. BGH NJW 1992, S. 3104.
[65] Vgl. Greger, NJW 1989, S. 3104.

Strafe ist begrifflich eine Interessenverletzung, die einer Person wegen eines missbilligten Verhaltens von einer dazu ermächtigten Instanz zugefügt wird.[66] Hier könnten die ausgesprochenen Stadionverbote eine entsprechende Strafe darstellen.

Die StVerRl selber spricht in § 1 Abs. 2 Satz 1 davon, dass es sich bei dem Stadionverbot um eine präventive Maßnahme handelt, welche zukünftiges sicherheitsbeeinträchtigendes Verhalten bei Fußballveranstaltungen verhindern soll. Nach § 1 Abs. 2 Satz 2 StVerRl stellt es explizit keine staatliche Bestrafung dar.

Dabei spielt es keine Rolle, dass Strafen insbesondere durch ihre abschreckende Wirkung auch präventive Wirkung entfalten. Entscheidend ist lediglich, ob der Betroffene durch das Stadionverbot bestraft oder nur für längere Zeit vom Besuch der Stadien ausgeschlossen werden soll, um die anderen Besucher und die Veranstaltung zu schützen.

Fast alle Regelungen der StVerRl sind an das Strafrecht angelehnt.[67] Schon in der Präambel der StVerRl geht es darum, alle Personen, die sicherheitsbeeinträchtigend aufgefallen sind, mit einem Stadionverbot zu belegen. Dabei findet die zukünftig zu erwartende Sicherheitsbeeinträchtigung keine Erwähnung.

Auch die spätere weitgehende Orientierung an der vorangegangenen Verfehlung lässt den Eindruck zu, dass es sich vorliegend um ein Instrument der Privatstrafe handelt.[68] Es ist richtig, dass es sich wie in § 1 Abs. 2 Satz 2 StVerRl nicht um eine staatliche Sanktion handelt, doch ist zu vermuten, dass den einmal sicherheitsbeeinträchtigend Aufgetretenen als Strafe ein Stadionverbot ausgesprochen werden soll. Dies wird besonders bei der zu verhängenden Art und Dauer des Stadionverbotes deutlich.[69] Dabei kommt es für die Länge des Stadionverbotes in erster Linie darauf an, welche Tat begangen wurde und nicht wie hoch das Wiederholungsri-

---

[66] Vgl. Kindhäuser/Neumann/Paeffgen, Hassemer/Neumann, Vorb. § 1 Rn. 103.
[67] Vgl. Orth/Schiffbauer, RW 2011, S. 195; Klesczewski, Geburtstagsgabe, S. 70.
[68] Vgl. Klesczewski JZ 2010, S. 254; Klesczewski, Geburtstagsgabe, S. 70.
[69] Vgl. Klesczewski JZ 2010, S. 254.

siko ist, oder wie lange zu vermuten ist, dass von dem Betroffenen eine derartige Wiederholungsgefahr ausgeht.

Noch deutlicher wird dies bei der Frage, ob ein bundesweites Stadionverbot auszusprechen ist, oder ein örtliches. Bei minderschweren Fällen ist gem. § 4 Abs. 2 StVerRl ein lokales Stadionverbot auszusprechen. Dabei muss aber dieselbe Gefahrprognose bestehen, die in anderen Fällen die Aussprache eines bundesweiten Stadionverbotes rechtfertigt und verlangt. Sollte es um die präventive Sicherheit gehen, müssten alle Vereine, bei vorliegen einer positiven Gefahrprognose, ein Stadionverbot aussprechen, um sich vor dem potentiell gefährlichen Besucher zu schützen. Dies ist aber nicht gewünscht und geregelt. So zeigt die StVerRl eindeutig, dass es der StVerRl um eine mildere Strafe für das gezeigte Verhalten geht.

Auch die Tatsache, dass gem. § 3 Abs. 1 StVerRl der Verein, bei dem es zu dem sicherheitsbeeinträchtigen Ereignis gekommen ist, weitestgehend für die „Betreuung" des Stadionverbotes zuständig ist, zeigt die tatsächliche Ausrichtung der StVerRl. Würde die zukünftige Gefährdung oder das Präventive im Vordergrund des Stadionverbotes stehen, so wäre der Bezugsverein sicher der „Betreuer", der den Betroffenen des Stadionverbotes besser einschätzen, beobachten und betreuen kann.

Ebenso die Meinung, dass die StVerRl sehr wohl den präventiven Charakter im Vordergrund sieht,[70] lässt sich vertreten, da in der Definition des Stadionverbotes in § 1 Abs. 1 StVerRl explizit auf das zivilrechtliche Instrument des präventiven Hausrechtes Bezug genommen wird.

Fraglich ist daher, worauf es bei der konkreten Einordnung der StVerRl ankommt. Ist der selbstgewählte Wortlaut entscheidend oder spielt die Umsetzung und der tatsächliche Umgang mit der StVerRl die entscheidendere Rolle?

Gerade der im Arbeitsrecht verbreitete Gedanke, dass wenn sich die Bezeichnung und das tatsächlich Gelebte unterscheiden,[71] es maßgeblich auf das tatsächlich Gelebte ankommt, kann in diesem Fall ebenso heran-

---

[70] Vgl. Breucker, SpuRt 1/2010, S. 31; Gietl, JR 2010, S. 50; Hilpert, Das Fußballstrafrecht des DFB, S. 236.
[71] Vgl. BAG, NZA 07, S. 580; Jauernig, Mansel, Vor § 611 Rn. 3; Prütting/Wegen/Weinreich, Lingemann, § 611 Rn. 17; Preis, Arbeitsrecht, S. 71 f.

gezogen werden. Daher kommt es auf die tatsächliche Erscheinungsform und den Gesamteindruck und nicht auf die vom DFB bezeichnete Zielrichtung an.

Im Ergebnis ist es daher so, dass die Regelungen der StVerRl einen deutlich überwiegenden Sanktionscharakter aufweisen und die Frage des Schutzes der zukünftigen Veranstaltungen hauptsächlich durch die abschreckende Wirkung erzeugt werden soll und nur am Rande durch den Ausschluss der bereits auffällig gewordenen.

bb) Ergebnis

Bei den in der StVerRl enthaltenen Maßnahmen handelt es sich um verfassungswidrige Privatstrafen. Dies bedeutet, dass aufgrund dieser Richtline gegenüber keinem Betroffenen wirksam ein Stadionverbot ausgesprochen werden könnte.

Sollte man der Meinung folgen, dass es sich bei den Regelungen der StVerRl nicht um eine Privatstrafe handelt, könnte die Richtline weiterhin als Anspruchsgrundlage für die Aussprache eines Stadionverbotes herangezogen werden.

d) Anwendungsbereich

Wenn man die StVerRl nicht als verbotene Privatstrafe sieht, ist fraglich, ob diese Richtline als verbandsinterne Regelung überhaupt gegenüber Verbandsexternen wirkt und für diese verbindlich sein kann und wo sie Ihre Wirkung entfaltet.

aa) Örtlicher Anwendungsbereich

Die Richtline regelt die Verhängungspraxis von örtlichen und bundesweiten Stadionverboten innerhalb Deutschlands. Da ausländische Vereine und Verbände nicht im DFB organisiert sind, entfaltet die StVerRl keine bindende Wirkung. Ausländische Stadien können nicht von den ausgesprochenen Stadionverboten betroffen sein.[72]

Auch wenn die Europäische Union ebenfalls in die Bekämpfung der Gewalttätigkeiten eingebunden ist, sind die Bestrebungen ein europäisch wirksames Stadionverbot aussprechen zu können bereits im Jahre 2003 gescheitert und werden seitdem vordergründig nicht mehr verfolgt.[73] Daher bleibt es zunächst dabei, dass ein bundesweites Stadionverbot als das weitreichendste Instrument dieser Richtlinie anzusehen ist.

bb)   Persönlicher Anwendungsbereich

Die innerverbandliche Richtlinie wendet sich in erster Linie an die Vereine, den DFB und den Ligaverband. Sie erlegt diesen Regeln auf, die diese zu einheitlichem Verhalten in Bezug auf die Vergabe von Stadionverboten berechtigt, aber auch verpflichtet. Die Richtlinien entfalten unmittelbare Wirkung nur gegenüber den Vereinen und Verbänden, die sich der Satzung des DFB und dessen Ordnungen unterworfen haben.[74]

Möglicher Adressat eines Stadionverbotes soll gem. § 1 Abs. 1 StVerRl aber jede natürliche Person sein. Damit die Aussprechenden jemanden rechtsverbindlich zu einem Unterlassen zwingen können, bedarf es einer wirksamen Anspruchsgrundlage gegenüber dem von dem Stadionverbot Betroffenen.

Fraglich ist daher, ob die Richtlinie oder Ordnung eines privaten Vereins eine solche allgemeinverbindliche Regelung darstellen kann. Wäre dies der Fall, würden die vom DFB formulierten Regelungen den Charakter eines jeden bindenden allgemeingültigen Gesetzes erlangen.

In einem Rechtsstaat liegt die Gesetzgebungskompetenz ausschließlich bei dem dafür vorgesehenen und gewählten Organen, den Parlamenten.[75]

---

[72] Vgl. Orth/Schiffbauer, RW 2011, S. 182.

[73] Vgl. Breucker, SpuRt 4/2005, Spielfeld-Flitzer, S. 154; Siekmann, Fußball-Hooliganismus, S. 75 f.

[74] Vgl. BGH, NJW 2010, S. 535; Orth/Schiffbauer, RW 2011, S. 185; Breucker, SpuRt 4/2005, S. 136.

[75] Vgl. Maunz/Dürig, GG, Kirchhof, Art. 83 Rn. 43.

Dies bedeutet, dass die nur verbandsrechtliche Ordnung, gegenüber dem Betroffenen keine unmittelbare Wirkung entfalten kann.[76]

e) Ergebnis

Die StVerRl stellt keine wirksame Anspruchsgrundlage dar. Entweder stellt sie schon eine verfassungswidrige Privatstrafe dar, oder es fehlt ihr in jedem Fall an der rechtsverbindlichen Wirkung gegenüber Dritten. Es bedarf daher einer anderen Rechtsgrundlage, um gegenüber jedem Betroffenen ein Stadionverbot verbindlich aussprechen zu können.

2. Zivilrechtliche Grundlagen

Vereine, Ligaverband und der DFB sind Körperschaften oder Personengesellschaften des bürgerlichen Rechts. Auch der Stadionbesucher ist kein öffentlich rechtliches Rechtssubjekt. Da auch der Besuch des Stadions auf einem zivilrechtlichen Vertrag basiert und es sich um Verhältnisse unter Privaten handelt, kann die Anspruchsgrundlage ausschließlich zivilrechtlicher Natur sein.[77]

Die StVerRl zieht in § 1 Abs. 6 das sogenannte Hausrecht als Rechtsgrundlage heran. Aber auch in der Rechtsprechung und Literatur wird immer wieder der Begriff des „Hausrechts" als gesetzliche Ermächtigung dargestellt.[78]

Fraglich ist aber worauf sich das sogenannte Hausrecht stützt. Eine Ansicht leitet das Hausrecht nur aus dem Eigentum gem. § 903 BGB ab.[79] Eine andere Auffassung sieht in dem sogenannten Hausrecht lediglich die Ausübung von Besitzrechten an bestimmten Territorien.[80]

Mittlerweile ist aber herrschende Meinung, dass das zivilrechtliche Hausrecht seinen Grund sowohl im Besitz nach §§ 854 ff. BGB als auch im

---

[76] Vgl. Orth/Schiffbauer, RW 2011, S. 185; Breucker, SpuRt 4/2005, S. 136; Marzahn, ZJS, S. 430; Winter, Stadionverbote, S. 7; Hardenberg; Stadionverbot, S. 9.

[77] Vgl. Breucker, JR 2005, S. 133.

[78] Vgl. LG Paderborn Urt. v. 25.01.2008, Az.: 2 O 10/08; AG Cottbus, Urt. v. 03.09.2002, Az.: 42 C 151/02; Breucker, SpuRt 4/2005, S. 136; Orth/Schiffbauer, RW 2011, S. 179.

[79] Vgl. BGH NJW 1961, S. 308; BGH, NJW 1967, S. 1911.

[80] Vgl. Amelung, NJW 1986, S. 2081; RGSt 36, 323; Hilpert, Das Fußballstrafrecht des DFB, S. 237.

Eigentum gem. §§ 903 ff. BGB hat.[81] Es kommt jeweils auf die rechtliche Stellung des sich auf das Hausrecht Beziehenden an.

Das Hausrecht ist damit lediglich die jeweils einfachgesetzliche Umsetzung des Grundrechtsschutzes der Wohn- und Betriebsräume nach Art. 13 GG sowie des gem. Art. 14 Abs. 1 GG geschützten Eigentums.[82]

Daher stellt der juristische Begriff des Hausrechts ebenfalls keine direkte zivilrechtliche Anspruchsgrundlage für die Aussprache eines Stadionverbotes dar.[83] Vielmehr ist weiterhin notwendig, dass in jedem Fall ein individueller Unterlassungsanspruch gegen denjenigen besteht, der Betroffener eines Stadionverbotes sein soll.[84]

Für die jeweilige zivilrechtliche Anspruchsgrundlage ist dabei zu beachten, wie weitreichend das Stadionverbot werden soll und zum anderen von wem dieses Stadionverbot ausgesprochen werden soll.

a) Örtliches Stadionverbot

Zunächst ist das Instrument des weniger einschneidenden örtlichen Stadionverbotes, das gemäß der StVerRl bei minderschweren Fällen ausgesprochen werden soll, zu betrachten.

aa) Hausrecht als eigentumsrechtlicher Anspruch

Für den Fall, dass es sich bei dem aussprechenden Verein oder Verband um den Eigentümer des Stadions handelt, der das örtliche Stadionverbot ausspricht, kann sich das Hausrecht unmittelbar aus dem Eigentumsschutz gem. § 903 ff. BGB ableiten.[85]

Spricht der Stadioninhaber ein örtliches Stadionverbot aus, beruft er sich gegenüber dem Betroffenen auf seinen ihm zustehenden Unterlassungsanspruch gem. § 1004 Abs. 1 S. 2 BGB.[86] Über § 1004 Abs. 1 S. 1 BGB

---

[81] Vgl. Breucker, JR 2005, S. 133; Klesczewski JZ 2010, S. 252; Orth/Schiffbauer, RW 2011, S. 196.

[82] Vgl. LG Hamburg, SpuRt 5/2002, S. 204f; Breucker, JR 2005, S. 133.

[83] Vgl. Breucker, NJW 2006, S. 1235; Orth/Schiffbauer, RW 2011, S. 196; Breucker, SpuRt 4/2005, S. 136; Hilpert, Das Fußballstrafrecht des DFB, S. 237.

[84] Vgl. Orth/Schiffbauer, RW 2011, S. 179; Breucker, JR 2005, S. 134; Marzahn, ZJS 3/2010, S. 431.

[85] Vgl. Ruhs, Sicherheit und Ordnung, S. 20; Breucker, JR 2005, S. 134.

[86] Vgl. Breucker, JR 2005, S. 134; Orth/Schiffbauer, RW 2011, S. 196; Hardenberg, Stadionverbot, S. 11.

steht ihm gegen den Störer ein Beseitigungsanspruch zur Seite, der für Fälle der zu besorgenden zukünftigen Beeinträchtigung gem. § 1004 Abs. 1 S. 2 BGB einen Unterlassungsanspruch für die Zukunft begründet.[87]

In der Praxis kommt diese Anspruchsgrundlage selten in Betracht, da in der Regel die Vereine oder Verbände nicht mehr Eigentümer der Stadien sind.[88] Im Jahre 2007 waren lediglich der 1. FSV Mainz 05 und Borussia Mönchengladbach, noch direkte Eigentümer ihrer Stadien.[89] Die anderen Stadien gehören oft noch den Kommunen oder eigenen ausgegliederten Stadiengesellschaften.[90]

(1)   Tatbestandvoraussetzungen des § 1004 Abs. 1 S. 2 BGB

(a)   Unterlassungsgläubiger

Wie oben bereits dargestellt muss der Aussprechende Grundstückseigentümer des Stadiongeländes sein, um sich auf diesen Unterlassungsanspruch berufen zu können.

(b)   Eigentumsbeeinträchtigung

Weitere Tatbestandsvoraussetzung ist, dass die konkrete Gefahr einer Eigentumsbeeinträchtigung vorliegen muss.[91]

Fraglich ist jedoch, ab wann es sich um einen derartigen Eingriff in die Herrschaftsmacht des Eigentümers handelt. Beeinträchtigung ist jeder dem Inhalt des Eigentums widersprechende Eingriff in die rechtliche oder tatsächliche Herrschaftsmacht des Eigentümers.[92]

Dies liegt wohl unzweifelhaft vor, wenn zu befürchten ist, dass die Substanz des Eigentums zerstört wird, z.B. durch angekündigte Sachbeschädigung. Ob in dem einfachen Betreten des Stadions auch eine beeinträch-

---

[87] Vgl. Schreiber, Sachenrecht, Rn. 151; Vieweg/Werner, Sachenrecht, § 9 Rn. 5.

[88] Vgl. Breucker, JR 2005, S. 134; Ruhs, Sicherheit und Ordnung, S. 20.

[89] Vgl. DFL, Wem gehören die Stadien.

[90] Vgl. DFL, Wem gehören die Stadien.

[91] Vgl. Wieling, Sachenrecht, § 23 Abs. 4 1 a gg; Vieweg/Werner, Sachenrecht, § 9 Rn. 8; Brehm/Berger, Sachenrecht, § 7 Rn. 11; Orth/Schiffbauer, RW 2011, S. 196.

[92] Vgl. BGH, NJW 2005, S. 1366; Palandt, Bassenge § 1004, Rn. 8; Schreiber, Sachenrecht, Rn. 139.

tigende Einwirkung zu sehen ist, ist dagegen nicht so einfach zu beantworten, da eine direkte Einwirkung auf die Sachsubstanz des Stadions zunächst einmal nicht gegeben ist.

Aus § 903 Satz 1 BGB ergibt sich, dass der Eigentümer einer Sache, sofern Rechte anderer nicht entgegenstehen, jede Einwirkung ausschließen kann. Auch wenn keine direkte Beeinträchtigung der Sachsubstanz droht, wird in die Herrschaftsmacht des Stadioninhabers eingegriffen.[93] Daher stellt das Betreten, als einfache tatsächliche Benutzung, gegen den berechtigten Willen des Eigentümers eine Beeinträchtigung im Sinne des § 1004 Abs. 1 BGB dar.[94]

Somit liegt immer eine abwehrfähige Beeinträchtigung vor, wenn der Eigentümer berechtigter Weise den Zugang zum Stadion verwehren will.

(c) Gefahr künftiger Störungen

Da es sich bei dem Unterlassungsanspruch um einen in die Zukunft gerichteten Abwehranspruch handelt, müssen weitere Beeinträchtigungen zu besorgen sein.

Damit bleibt in jedem Einzelfall die schwierige Frage zu klären, ob durch den Betroffenen die konkrete weitere Eigentumsbeeinträchtigung droht. Entgegen des Wortlautes des § 1004 Abs. 1 Satz 2 BGB begründet auch die erstmalige Beeinträchtigungsgefahr den Unterlassungsanspruch, da dem Eigentümer bei konkreter Gefährdungslage nicht zugemutet werden kann, erst nach dem konkreten Schadenseintritt tätig zu werden.[95]

Die Erstbegehungsgefahr, welche den vorbeugenden Unterlassungsanspruch begründet, stellt lediglich strengere Anforderungen an die Prognoseentscheidung, ob zukünftig Gefahren von dem Betroffenen ausgehen.[96]

Fraglich ist, wann diese konkrete Eigentumsbeeinträchtigung droht und wie diese zukünftige Gefahr darzustellen und gegebenenfalls zu beweisen ist.

---

[93] Vgl. Orth/Schiffbauer, RW 2011, S. 196; Bauer/Stürner, Sachenrecht, § 12 Rn. 5.

[94] Vgl. Palandt, Bassenge § 1004, Rn. 8, Münchener Kommentar, Medicus, § 1004 Rn. 31.

[95] Vgl. OLG Zweibrücken, NJW 1992, 1242; BGH, NJW 2004, S. 3701; Palandt, Bassenge § 1004, Rn. 32; Brehm/Berger, Sachenrecht, § 7 Rn. 31; Vieweg/Werner, Sachenrecht, § 9 Rn 10.

[96] Vgl. BGH, NJW 2004, S. 3701; Orth/Schiffbauer, RW 2011, S. 198.

Zunächst einmal muss eine auf Tatsachen gegründete objektive Wahrscheinlichkeit der Beeinträchtigung bestehen.[97] Die subjektive Befürchtung, dass von dem Betroffenen eine Beeinträchtigung ausgeht oder die denkbare Möglichkeit einer Beeinträchtigung besteht, reicht nicht aus.[98]

Die in § 4 StVerRl katalogartig aufgeführten Tatbestände, die zur Aussprache eines Stadionverbotes führen sollen, können mangels wirksamer Bindung für den Betroffenen, nicht als begründende sondern nur als unterstützende Bewertung herangezogen werden.

Vielmehr ist es notwendig, dass anhand objektiver Tatsachen dargestellt werden kann, dass eine fußballbezogene Eigentumsbeeinträchtigung des Stadioneigentümers konkret zu besorgen ist.

Dies ist im Einzelfall nicht leicht festzustellen, weil es sich um eine Prognoseentscheidung über eine zukünftige Gefahr handelt. Bei der Wiederholungsgefahr liegt nachweislich bereits eine vorangegangene objektive Beeinträchtigung vor. Diese begründet in der Regel die tatsächliche Vermutung dahingehend, dass sich derartige Beeinträchtigungen wiederholen werden.[99] Fraglich ist, ob es sich bei der vorangegangenen Beeinträchtigung auch konkret um eine Beeinträchtigung der Eigentumsrechte, des sich auf den Unterlassungsanspruch Berufenden handeln muss.

Würde verlangt werden, dass die tatsächliche Vermutung nur dann eingreift, wenn bereits unmittelbar gegenüber dem sich auf den Unterlassungsanspruch Berufenden die vorherige Beeinträchtigung hätte erfolgen müssen, würde die tatsächliche Vermutung fast nie anwendbar sein. Um die Anforderungen an den Nachweis der konkret drohenden Beeinträchtigung des zu schützenden Eigentümers nicht zu hoch zu schrauben, können auch andere Störungshandlungen gegenüber Dritten herangezo-

---

[97] Vgl. Münchner Kommentar, Medicus, § 1004 Rn. 96; Prütting/Wegen/Weinreich, Englert, § 1004 Rn. 5; Brehm/Berger, Sachenrecht, § 7 Rn. 31; Vieweg/Werner, Sachenrecht, § 9 Rn 11; BGH, NJW 2010, S. 535 f.

[98] Vgl. RGZ 63, 379; Münchner Kommentar, Medicus, § 1004 Rn. 96; Prütting/Wegen/Weinreich, Englert, § 1004 Rn. 5; BHG, NJW 2010, S. 535.

[99] Vgl. BGH, NJW 1999, 358; Palandt, Bassenge § 1004, Rn. 52.

gen werden, wenn der innere Zusammenhang noch auf eine konkrete Beeinträchtigung des aktiv Legitimierten schließen lässt.[100]

Für den konkreten Fall bedeutet dies, dass die vorangegangene Beeinträchtigung im Zusammenhang mit einem Fußballereignis stehen muss, um als vorangegangene Tat eine Wiederholungsgefahr tatsächlich vermuten zu lassen. Problematisch ist die Frage, welche Beeinträchtigungen noch eng genug im Zusammenhang mit dem Fußball stehen. Dies ist dann in jedem Einzelfall konkret zu bestimmen, denn beispielsweise könnte auch der Ladendiebstahl auf dem Weg zum Fußball noch im Zusammenhang mit diesem stehen. Auch handelt es sich bei dem Graffiti-Sprayen eines Vereinswappens unterhalb der Woche noch um eine im Zusammenhang zum Fußball stehende Beeinträchtigung.

Bei der Erstbegehungsgefahr kann eine entsprechende Tat mangels vorheriger Beeinträchtigung nicht als tatsächliche Vermutung herangezogen werden um eine konkrete Gefährdung zu begründen. Daher muss eine Gefahrenprognose ergeben, dass eine Beeinträchtigung alsbald durch den Betroffenen ernsthaft zu befürchten ist.[101] Es ist dabei ebenso notwendig, dass anhand von konkreten objektiven Tatsachen, eine Betrachtung des Betroffenen und seines Verhaltens den Schluss nach sich zieht, dass künftige sicherheitsrelevante Beeinträchtigungen demnächst auch bei Fußballveranstaltungen zu befürchten sind.[102]

Der Eigentümer muss alle dieser Gefahrenprognose zugrundeliegenden Tatsachen konkret und genau, insbesondere unter Angabe von Datum, Ort und Geschehensablauf, darlegen.[103] Ist ihm dies möglich und führt die daraufhin durchgeführte Prognoseentscheidung dazu, dass eine zukünftige Beeinträchtigung zu befürchten ist, dann steht dem Eigentümer ein entsprechender Unterlassungsanspruch zu.

Wobei die Anforderungen an die Prognoseentscheidung nicht so hoch gesetzt werden, da sicherheitsrelevante Beeinträchtigungen nicht hinzu-

---

[100] Vgl. Breucker, JR 2005, S. 135.

[101] Vgl. BGH, NJW 2010, S. 536; Heermann, NJW 2010, S. 537.

[102] Vgl. Breucker, JR 2005, S. 135; Walker, Bundesweite Stadionverbote auf dem Prüfstand, S. 495.

[103] Vgl. Breucker, JR 2005, S. 135 Gietl, JR 2010, S. 50.

nehmen sind. [104] Denn grundsätzlich wiegt die Vertragsfreiheit und das berechtigtes Interesse, einen potentiellen Störer von Veranstaltungen fern zu halten, schwerer als die drohende Grundrechtsbeeinträchtigung durch das grundlose Verweigern eines Vertragsabschlusses. [105]

(d)   Unterlassungsschuldner

Da das durch den Unterlassungsanspruch geschützte Eigentum ein Schutzrecht gegenüber jedermann darstellt, kann auch jeder gem. § 1004 Abs. 1 Satz 2 BGB unterlassungsverpflichtet sein.[106] Damit der Anspruch begründet ist, muss gerade von dem Betroffenen des Unterlassungsanspruchs die konkrete Erst- oder Wiederholungsgefahr der Eigentumsbeeinträchtigung zu besorgen sein.[107]

(e)   Duldungspflicht

Der Unterlassungsanspruch ist gem. § 1004 Abs. 2 BGB ausgeschlossen, wenn den Eigentümer eine Duldungspflicht der Beeinträchtigung gegenüber dem Unterlassungsschuldner trifft.

(aa)   Eintrittskarte

Eine solche Duldungspflicht kann insbesondere durch eine vertragliche Regelung zwischen dem Eigentümer des Stadions und dem Betroffenen des Unterlassungsanspruches vorliegen.[108] Dies könnte sich aus der erworbenen Eintrittskarte ergeben.[109]
Eine Eintrittskarte stellt gem. § 807 BGB ein sog. kleines Inhaberpapier dar.[110] Hierdurch besteht zwischen dem Inhaber und dem Verein ein Nutzungsvertrag über das Stadion.[111]

---

[104] Vgl. BGH, NJW 2010, S. 536; Breucker, SpuRt 4/2005, S. 137; Breucker, JR 2005, S. 136.
[105] Vgl. BGH, NJW 2010, S. 536; Breucker, SpuRt 4/2005, S. 137; Breucker, JR 2005, S. 136.
[106] Vgl. Brehm/Berger, Sachenrecht, § 7 Rn. 21; Vieweg/Werner, Sachenrecht, § 9 Rn 22.
[107] Vgl. Brehm/Berger, Sachenrecht, § 7 Rn. 21; Vieweg/Werner, Sachenrecht, § 9 Rn 22.
[108] Vgl. Palandt, Bassenge § 1004, Rn. 36.
[109] Vgl. Orth/Schiffbauer, RW 2011, S. 198; Walker, Bundesweite Stadionverbote auf dem Prüfstand, S. 500 f.
[110] Vgl. Martinek/Semler/Habermeier/Flohr, Vertriebsrecht, Summerer, § 53, Rn. 70; Jauernig, Stadler, § 807 Rn.2.
[111] Vgl. LG Münster: Urteil vom 18.11.2009 - 012 O 287/09, 12 O 287/09; AG Wuppertal, Urteil vom 19.01.2009, Az.: 35 C 39/08.

Fraglich ist daher ob die Rechte aus der Eintrittskarte den vorliegenden Unterlassungsanspruch aushebeln können. In § 1 Abs. 7 StVerRl ist zwar geregelt, dass die Wirksamkeit des Stadionverbotes nicht durch eine erworbene Eintrittskarte aufgehoben wird, aber dies ist mangels unmittelbarer Außenwirkung gegenüber dem mit Stadionverbot Belegten keine Möglichkeit die Wirkung der Eintrittskarten zu umgehen.

Es gibt dennoch diverse Möglichkeiten, die Wirksamkeit der erworbenen Eintrittskarte ex nunc oder ex tunc zu beseitigen.[112] In jedem Fall kann der Verein bei einem wirksam ausgesprochenen Stadionverbot dem Betroffenen mit „gültiger" Eintrittskarte den Einwand des Wegfalls der Geschäftsgrundlage gem. §§ 807, 796 BGB i.V.m. § 313 BGB sowie die unzulässige Rechtsausübung gem. § 242 BGB entgegenhalten.[113]

Hat der Adressat eines Stadionverbotes bereits vor Aussprache des Stadionverbotes eine Dauerkarte wirksam erworben, besteht zwischen ihm und dem Verein ein Dauerschuldverhältnis.[114] Dieses wird aber entweder direkt oder konkludent durch Aussprache des Stadionverbotes gem. § 314 Abs. 1 BGB gekündigt. Eine zu befürchtende Eigentumsbeeinträchtigung stellt in jedem Fall einen wichtigen Grund gem. § 314 Abs. 1 BGB dar.[115]

Durch den Erwerb einer Eintrittskarte vor oder nach der Aussprache des Stadionverbotes wird daher keine Duldungspflicht im Sinne des § 1004 Abs. II BGB begründet.[116]

(bb) Kontrahierungszwang

Nach dem Grundsatz der Vertragsfreiheit ist es dem Eigentümer grundsätzlich möglich, den Zugang zu seinen Spielen und Veranstaltungen eigenständig zu bestimmen und bestimmte Personenkreise zuzulassen

---

[112] Vgl. Breucker, JR 2005, S 137; Schild, Stadionverbote, S. 81 ff..

[113] Vgl. Breucker, JR 2005, S 137; Schild, Stadionverbote, S. 82.

[114] Vgl. Sport und Gewalt, Walker, S. 64; Walker, Bundesweite Stadionverbote auf dem Prüfstand, S. 502.

[115] Vgl. PHB SportR, Fritzweiler Teil 3, Rn. 162; Schild, Stadionverbote, S. 83.

[116] Vgl. Breucker, JR 2005, S. 137; Orth/Schiffbauer, RW 2011, S. 198.

und andere abzuweisen.[117] Etwas anderes könnte gelten, wenn der Eigentümer aufgrund des Kontrahierungszwanges verpflichtet wäre, den Zugang zum Stadion und den Abschluss des Benutzungsvertrages zu ermöglichen.

(aaa) Unmittelbarer Kontrahierungszwang

Dies wäre dann der Fall, wenn die direkte Teilhabe an der Fußballveranstaltung mit der Deckung von essenziellen Lebensbedürfnissen gleichzusetzen wäre und zum Schutz der Allgemeinheit jedem die Möglichkeit auf Vertragsabschluss und damit den Besuch des Stadions zu ermöglichen wäre.

In diese Richtung geht ein Urteil des zweithöchsten EU-Gerichts in Luxemburg, das manche Fußballgroßereignisse als so bedeutend einstuft, dass eine Liveübertragung im Free-TV jederzeit möglich sein muss.[118] Auch nimmt der Stadionbesuch in manchen Fankreisen mittlerweile einen sehr hohen Stellenwert ein, so dass es für diese Gruppen von enormer Bedeutung ist, ein Spiel live im Stadion mit zu erleben.[119]

Zudem ist unter Beachtung der Tatsache, dass teilweise Theater, Museen und städtische Badeanstalten derart lebenswichtige Güter darstellen,[120] zu überlegen, ob nicht auch der Besuch im Stadion zu den lebenswichtigen Gütern zählt.

Letztendlich würde aber ein Grundrecht, Fußballspiele live im Stadion mitzuerleben zu weit gehen.[121] Zwar kann das Argument des AG Frankfurt, man könnte sich auch ohne den Besuch im Stadion das Spiel angucken,[122] nicht überzeugen, da ein Live-Besuch im Stadion eine ganz andere Dienstleistung und ein ganz anderes Erlebnis beinhaltet als nur das

---

[117] Vgl. Breucker, JR 2005, S. 136; LG Hamburg, SpuRt 5/2002, S. 204 f; Marzahn, ZJS 3/2010, S. 429; Gietl; JR 2010, S. 50; Walker, Bundesweite Stadionverbote auf dem Prüfstand, S. 494.

[118] Vgl. Gericht der Europäischen Union Urteil vom 17.02.2011, Az.: T-385/07.

[119] Vgl. Blickfang Ultra 2008/6, Ausgesperrt, S. 14; Raack, Draussen vor der Tür, S. 46; Gabriel, Stern Interview vom 5.09.2011; Pilz, Ultras und Supporter.

[120] Vgl. Palandt, Ellenberger, Einf. § 145 Rn. 10.

[121] LG Frankfurt a.M., MMR 2006, 770; Ruhs, Sicherheit und Ordnung, S. 21.

[122] Vgl. AG Frankfurt, SpuRt 4/2005, 172.

Fußballspiel zu beobachten.[123] Es ist aber in der Regel möglich, die Spiele auch ohne Stadionbesuch zu verfolgen und es stellt keine erheblich lebensbeeinträchtigende Situation dar, wenn man das Spiel nicht live im Stadion erleben kann. Ein unmittelbarer Kontrahierungszwang liegt lediglich in den gesetzlich geregelten Fällen der Daseinsvorsorge vor.[124] Beispielhaft sind hier der Zugang zum Stromnetz oder der Anschluss an die Wasserversorgung. Ein Stadionbesuch ist aber nicht mit den Fällen der Daseinsvorsorge, wie Strom- und Wasserversorgung zu vergleichen.

(bbb) Mittelbarer Kontrahierungszwang

Allerdings könnte die grundsätzliche Vertragsfreiheit durch einen mittelbaren Kontrahierungszwang beschränkt sein. Der Eigentümer, der grundsätzlich unter Beachtung der Bezahlung und der freien Kapazität jedem Zutritt zu seinem Stadion gewährt, muss dann auch beim Ausschluss bestimmter Personen, die mittelbar in das Zivilrecht einwirkenden Grundrechte des Betroffenen beachten.[125]

Ein Eigentümer darf also trotz der grundsätzlichen Vertragsfreiheit keinen willkürlichen Ausschluss von Besuchern vornehmen. Damit würde er das allgemeine Persönlichkeitsrecht aus Art. 2 Abs. 1 GG i.V.m. Art. 1 Abs. 1 GG verletzten und gegen das Gleichbehandlungsgebot aus Art. 3 Abs. 1 GG verstoßen.[126]

Eine gegen diese grundgesetzlich geschützten Rechte verstoßende Handlung könnte im zivilrechtlichen Verhältnis zu einer sittenwidrigen Schädigung führen.

Sittenwidrig ist eine Handlung, die gegen das Anstandsgefühl aller billig und gerecht Denkenden verstößt.[127] Die sittenwidrige Schädigung im Sinne des § 826 BGB begründet nicht nur eine nachgelagerte Schadenser-

---

[123] Vgl. Gietl, JR 2010, S. 50.

[124] Vgl. LG Duisburg SpuRt 2/2009, S. 79; Marzahn, ZJS, 3/2010, S. 429.

[125] Vgl. BGH, NJW 2010, 535; Breucker, JR 2005, S. 136; Orth/Schiffbauer, RW 2011, S. 180; Marzahn, ZJS, 3/2010, S. 429; Walker, Bundesweite Stadionverbote auf dem Prüfstand; S. 495.

[126] Vgl. BGH, NJW 2010, S. 535; Breucker JR 2005, S. 136; Klesczewski, Geburtstagsgabe, S. 68; Walker/Klopp, LMK 2010, 295984; Marzahn, ZJS 3/2010, S. 429; Walker, Bundesweite Stadionverbote auf dem Prüfstand, S. 494 f.

[127] Vgl. RGZ 80, 221; BGHZ 10, 232; Palandt, Ellenberger, § 138 Rn. 2.

satzpflicht, sondern in Verbindung mit § 242 BGB auch eine unmittelbare Vertragsabschlusspflicht.[128]

Dies führt dazu, dass der Verein dazu verpflichtet ist, einen Besuch des Stadions zu ermöglichen, wenn er nicht wegen eines berechtigten Grundes den Besuch ablehnen darf und für den Interessenten keine anderweitige Möglichkeit besteht, seinen Bedarf, den Besuch dieses Stadions, zu decken.[129] Eine willkürliche, also ohne ausreichenden Grund, vorgenommene Verweigerung des Zutritts zum Stadion verstößt gegen das Anstandsgefühl aller billig und gerecht Denkenden.[130]

Da nur sittenwidrige Schädigungen verhindert werden sollen, sind an den notwendigen sachlichen Grund, der die Willkürlichkeit verhindern soll, keine allzu hohen Anforderungen zu stellen.[131] Auch sind bei der Abwägung des sachlichen Grundes die Eigentumsrechte an dem Stadion und das grundrechtlich geschützte Interesse an der störungsfreien Durchführung der Fußballspiele zu beachten.[132]

Ob also durch das ausgesprochene Stadionverbot eine sittenwidrige Schädigung des Betroffenen vorliegt, kann nur für jeden Einzelfall entschieden werden.

Liegen die Voraussetzungen des Unterlassungsanspruches in Form von zu befürchtenden Eigentumsbeeinträchtigungen vor, kann unter Beachtung der geringen Anforderungen an den sachlichen Grund nicht von einer sittenwidrigen Schädigung ausgegangen werden. Wegen der enormen Schutzgüter von Leib, Leben und der Handlungsfreiheit der anderen Besucher, kann eine Verweigerung des Vertragsabschlusses auf Zutritt zum Stadion nicht sittenwidrig sein.[133]

Das bedeutet im Umkehrschluss, dass wenn keine konkrete Eigentumsbeeinträchtigung droht, der unmittelbare Kontrahierungszwang dazu führt, dass eine Vertragsabschlusspflicht für den Eigentümer besteht.

---

[128] Vgl. LG Hamburg SpuRt 5/2002, 206; Breucker, JR 2005, S. 136; Orth/Schiffbauer, RW 2011, S. 181.

[129] Vgl. Orth/Schiffbauer, RW 2011, S. 180.

[130] Vgl. LG Hamburg SpuRt 5/2002, 206; Breucker, JR 2005, S. 136; Ruhs, Sicherheit und Ordnung, S. 21.

[131] Vgl. Breucker, JR 2005, S. 136; BGH, NJW 2010, S. 536; Marzahn, ZJS 3/2010, S. 430.

[132] Vgl. Breucker, JR 2005, S. 136.

[133] Vgl. Breucker, JR 2005, S. 136; Orth/Schiffbauer, RW 2011, S. 181.

(ccc) Zwischenergebnis

Im Ergebnis kann also auch der mittelbare Kontrahierungszwang aus § 826 BGB i.V.m. § 242 BGB nicht dazu führen, dass für den aussprechenden Verein gegenüber dem berechtigten Betroffenen eines Stadionverbotes ein unmittelbarer Zwang besteht, diesem dennoch den Zutritt zum Stadion zu ermöglichen.[134]

(2)   Ergebnis

Damit kann dem Eigentümer eines Stadions bei Vorliegen der oben genannten Tatbestandsvoraussetzungen ein zivilrechtlicher Unterlassungsanspruch zustehen, der die Aussprache eines Stadionverbotes rechtfertigt. Dieser Anspruch stellt dann das sogenannte Hausrecht dar.[135]

bb)   Hausrecht als besitzrechtlicher Anspruch

Wie oben dargestellt, steht die weit überwiegende Anzahl der Stadien nicht im Eigentum der Vereine. Daher kann die Anspruchsgrundlage gem. § 1004 Abs. 1 Satz 2 BGB für die meisten auszusprechenden Stadionverbote nicht herangezogen werden.[136]

In diesen Fällen muss das Hausrecht als Anspruchsgrundlage auf einer besitzrechtlichen Unterlassungsanspruchsgrundlage basieren. Dabei ist zwischen dem petitorischen Schutz des berechtigten Besitzers und dem possessorischen Besitzrecht zu unterscheiden.[137]

---

[134] Vgl. AG Leverkusen SpuRt 2/2001, S. 73; Breucker, JR 2005, S. 137; Orth/Schiffbauer, RW 2011, S. 207; Marzahn, ZJS, 3/2010, S. 429.

[135] Vgl. Wolf/Wellenhofer, Sachenrecht § 3 Rn. 17; Breucker, JR 2005, S. 133; Hilpert, Das Fußballstrafrecht des DFB, S. 237; Walker, Bundesweite Stadionverbote auf dem Prüfstand, S. 495.

[136] Vgl. Orth/Schiffbauer, RW 2011, S. 205.

[137] Vgl. Orth/Schiffbauer, RW 2011, S. 196; Breucker, JR 2005, S. 134; Hardenberg, Stadionverbote, S. 11.

(1) Quasi-negatorischer Unterlassungsanspruch

In den meisten Fällen sind die aussprechenden Vereine Mieter oder Pächter der Stadien.[138] Damit handelt es sich um berechtigte Besitzer des Stadiongeländes.[139]

Das Gesetz sieht explizit nur gem. § 862 BGB einen besitzrechtlichen Unterlassungsanspruch vor. Nach ständiger Rechtsprechung und herrschender Meinung wird, wenn gem. §§ 823 ff. BGB eine unerlaubte Handlung zu der Beeinträchtigung führt, der § 1004 Abs. 1 Satz 2 BGB analog für den berechtigten Besitzer angewandt.[140]

Damit kann sich der berechtigte Besitzer gem. §§ 1004 Abs. 1 Satz 2 analog, § 823 Abs. 1 BGB auf denselben Unterlassungsanspruch berufen, wenn eine rechtswidrige nicht notwendig schuldhafte Beeinträchtigung der in den §§ 823 ff. BGB genannten Rechte und Rechtsgüter vorliegt.[141] In dem beschriebenen Fall müsste der Besitz ein Recht oder ein gem. § 823 BGB geschütztes Rechtsgut darstellen. Die Frage, ob der Besitz ein Recht im Sinne des § 823 BGB darstellt, muss an dieser Stelle nicht entschieden werden, da die Rechtsordnung zumindest die berechtigte tatsächliche Sachherrschafft als „sonstiges Recht" im Sinne des § 823 BGB anerkennt.[142]

Da die tatbestandliche Besitzbeeinträchtigung in der Regel nicht durch einen Rechtfertigungsgrund gedeckt sein wird, handelt es sich zwangsläufig auch um eine rechtswidrige Beeinträchtigung.

Hinsichtlich der notwendigen Tatbestandsvoraussetzungen kann vollumfänglich auf die oben dargestellten Prüfungsschritte der direkten Anwendung des § 1004 Abs. 1 S. 2 BGB verwiesen werden.

Diese finden ihre Anwendung unter der Prämisse, dass der berechtigte Besitzer wie ein Eigentümer dauerhaft vor Beeinträchtigungen seines

---

[138] Vgl. DFL, Wem gehören die Stadien; Orth/Schiffbauer, RW 2011, S. 205

[139] Vgl. Orth/Schiffbauer, RW 2011, S. 205.

[140] Vgl. Brehm/Berger, Sachenrecht, § 4 Rn. 22; Vieweg/Werner, Sachenrecht, § 2 Rn 57; Hardenberg, Stadionverbot, S. 12; Orth/Schiffbauer, RW 2011, S. 196; Breucker, JR 2005, S. 134.

[141] Vgl. Orth/Schiffbauer, RW 2011, S. 196; Breucker, JR 2005, S. 134.

[142] Vgl. Palandt, Sprau § 823, Rn. 13; Jauernig, Teichmann, § 823, Rn. 16.

Besitzes geschützt werden muss und gelangen zu den gleichen dargestellten Ergebnissen.[143]

(2)   Possessorischer Unterlassungsanspruch

Aus der besitzrechtlichen Unterlassungsanspruchsgrundlage gem. § 862 Abs. 1 Satz 2 BGB ergibt sich ebenfalls ein Anspruch auf Aussprache eines örtlichen Stadionverbotes. Der besitzrechtliche Unterlassungsanspruch ist dem eigentumsrechtlichen Unterlassungsanspruch ähnlich,[144] so dass auch die einzelnen Tatbestandsvoraussetzungen einander ähneln.

(a)   Tatbestandsvoraussetzungen

(aa) Anspruchsberechtigter

Um anspruchsberechtigt zu sein, ist es ausreichend wenn der Anspruchsberechtigte der unmittelbare Besitzer des Stadions ist. Dabei kommt es nicht darauf an, ob er berechtigter oder fehlerhafter Besitzer ist,[145] es sei denn, es liegt ein Fall des § 862 Abs. 2 BGB vor. Da die Vereine oder Verbände, regelmäßig aufgrund von vorliegenden Verträgen berechtigterweise ihre Spiele in den Stadien austragen, sind sie Besitzer der Stadien und erfüllen diese Voraussetzung.

(bb) Besitzstörung

Gem. § 862 Abs. 1 Satz 1 BGB müsste ein Fall der verbotenen Eigenmacht vorliegen. Die verbotene Eigenmacht wird in § 858 Abs. 1 BGB legal definiert. Sie liegt dann vor, wenn der Besitzer ohne oder gegen seinen Willen im Besitz gestört wird.[146] Sie setzt keine körperliche Einwirkung auf die Sache voraus.[147]

---

[143] Vgl. Orth/Schiffbauer, RW 2011, S. 204; Breucker, JR 2005, S. 133.

[144] Vgl. Wilhelm, Sachenrecht, Rn. 529; Schreiber, Sachenrecht, Rn. 108; Lüke, Sachenrecht, § 2 Rn. 105; Bauer/Stürner, Sachenrecht, § 9 Rn. 16.

[145] Vgl. Brehm/Berger, Sachenrecht, § 4 Rn. 7; Vieweg/Werner, Sachenrecht § 2 Rn. 51.

[146] Vgl. Brehm/Berger, Sachenrecht, § 4 Rn. 7; Vieweg/Werner, Sachenrecht § 2 Rn. 51.

[147] Vgl. Brehm/Berger, Sachenrecht, § 4 Rn. 2; Vieweg/Werner, Sachenrecht § 2 Rn. 50.

Auch die einfache Benutzung stellt eine Beeinträchtigung dar.[148] Daher liegt durch die gegen den Willen des Stadionbesitzers vorgenommene Benutzung des Stadions, ein Fall der verbotenen Eigenmacht vor, welche dann eine Besitzstörung darstellt.[149]

(cc) Wiederholungsgefahr

Im Falle des § 862 Abs. 1 Satz 2 BGB bedarf es ebenfalls einer konkret drohenden zukünftigen Beeinträchtigung.[150] Da in diesem Fall keine anderen Voraussetzungen an die konkret drohende Beeinträchtigung gestellt werden als bei den Unterlassungsansprüchen des Eigentümers oder des berechtigten Besitzers, kann an dieser Stelle auf die entsprechenden Ausführungen Bezug genommen werden.[151]

(dd) Anspruchsgegner

Der besitzrechtliche Unterlassungsanspruch ist gegen den Handlungsstörer gerichtet, also denjenigen, der mit seiner konkret drohenden Handlung widerrechtlich auf den Besitz einzuwirken droht.[152]

(ee) Kein Ausschluss des Anspruchs

Der Unterlassungsanspruch darf nicht ausgeschlossen sein. Ein Ausschlussgrund könnte gem. § 862 Abs. 2 BGB vorliegen, wenn der Besitzer dem Störer gegenüber fehlerhaft besitzt. Dann müsste der Störer berechtigter Besitzer des Stadions sein, was bei einem normalen Stadionbesucher nicht der Fall sein wird.

Weitere Einwendungen gegen den Anspruch aus § 862 Abs. 2 BGB werden gem. § 863 BGB nur auf sehr wenige Möglichkeiten beschränkt. Einwendungen aus materiellem Recht finden zum Beispiel keine Anwendung.[153]

---

[148] Vgl. Palandt, Bassenge § 1004, Rn. 8, Münchener Kommentar, Medicus, § 1004 Rn. 31.
[149] Vgl. Orth/Schiffbauer, RW 2011, S. 205, Münchener Kommentar, Joost, § 858 Rn. 5.
[150] Vgl. Schreiber, Sachenrecht, Rn. 108; Orth/Schiffbauer, RW 2011, S. 204; Hardenberger, Stadionverbot, S. 11.
[151] Siehe A. II. 2. a) aa) (1) (c) Gefahr künftiger Störungen.
[152] Vgl. Schreiber, Sachenrecht, Rn. 108.
[153] Vgl. Palandt, Bassenge, § 863 Rn. 1; Bamberger/Roth, Fritzsche, § 863 Rn. 5.

Damit könnten Eintrittskarten bzw. Benutzungsverträge nicht zu einem Ausschluss des Anspruchs führen.

Somit könnte sich der Anspruchsgegner lediglich gegen den Unterlassungsanspruch wehren, indem er darlegt, dass er zur Vornahme der Störung befugt sei. Dies wäre dann der Fall, wenn der Anspruchsberechtigte mit der Beeinträchtigung einverstanden ist oder dem Anspruchsgegner die Beeinträchtigung gesetzlich gestattet ist.[154]

Dass in der Regel keine gesetzlichen Ansprüche des Störers bestehen ein Spiel zu sehen, wurde bereits festgestellt[155] und gilt auch an dieser Stelle. Damit besteht kein gesetzlich gerechtfertigtes Nutzungsrecht am Stadion.

Die Frage, ob ein weiterhin gültiges Einverständnis besteht, wenn der Anspruchsteller ein Stadionverbot aussprechen will oder ausgesprochen hat, muss nicht weiter erörtert werden. Die Aussprache des Stadionverbotes beinhaltet unweigerlich, dass kein Einverständnis mehr an der Nutzung besteht.

Das Berufen auf den Unterlassungsanspruch gem. § 862 Abs. 1 Satz 2 BGB über einen längeren Zeitraum als ein Jahr nach der letztmaligen Besitzstörung ist gem. § 864 Abs. 1 BGB nicht möglich.

Dies hängt damit zusammen, dass der possessorische Unterlassungsanspruch dem unmittelbaren Besitzer lediglich schnell und unabhängig von seinem Besitzrecht einen Unterlassungsanspruch zur Seite stellen möchte.[156] Dieses Bedürfnis und damit die Berechtigung sich darauf zu berufen entfällt, wenn sich die Besitzbeeinträchtigung über ein Jahr hinweg verfestigt.[157]

Etwas anderes gilt dann, wenn der aussprechende Verein diesen Anspruch im Wege der Klage geltend macht.

---

[154] Vgl. Palandt, Bassenge, § 863 Rn. 2; Bamberger/Roth, Fritzsche, § 863 Rn. 3.
[155] Siehe A. II. 2. a) (1) (e) (bb) Kontrahierungszwang.
[156] Vgl. Breucker, JR 2005, S. 134; BGH NJW 1979, S. 1358; Palandt/ Bassenge, § 863 Rn. 1; Meder/Czelk, Grundwissen Sachenrecht, S. 26.
[157] Vgl. Breucker, JR 2005, S. 134; Münchner Kommentar, Jost § 864 Rn. 1; Staudinger, Bund § 864 Rn. 3; Schreiber, Sachenrecht, Rn. 105.

(b)   Zwischenergebnis

Damit steht dem Besitzer, bei Vorliegen der oben genannten Tatbestands-voraussetzungen ein zivilrechtlicher Unterlassungsanspruch gem. § 862 Abs. 2 BGB zu, der die Aussprache eines Stadionverbotes rechtfertigt. Allerdings ist, wie bereits geschildert, in diesen Fällen zu beachten, dass ein Stadionverbot, das auf diese Anspruchsgrundlage gestützt wird, gem. § 864 Abs. 1 BGB grundsätzlich lediglich für ein Jahr ausgesprochen werden kann, da die Möglichkeit der Verlängerung durch Erhebung einer Klage in der Praxis keine Anwendung finden wird. Dies ist insbesondere deshalb der Fall, weil mit der dargestellten Anspruchsgrundlage gem. §§ 1004 Abs. 1 Satz 2 analog, 823 Abs. 1 BGB bereits eine weitreichendere Anspruchsgrundlage zur Verfügung steht. Sinnvollerweise kann sich ein Verein nur bei sehr kurzen Stadionverboten auf diese Anspruchsgrundlage beziehen.

(3)   Zwischenergebnis

Dem Besitzer stehen daher die möglichen Anspruchsgrundlagen aus §§ 1004 Abs. 1 Satz 2 analog, 823 Abs. 1 BGB und § 862 Abs. 2 BGB zur Verfügung um ein Stadionverbot als Besitzer eines Stadions auszuspre-chen. In Besitzrechtsverhältnissen stellen diese Anspruchsgrundlagen dann das sogenannte Hausrecht dar.[158]

cc) Ergebnis

Örtliche Stadionverbote können bei Vorliegen der oben genannten Voraus-setzungen sowohl von den Eigentümern, als auch von den Besitzern der Stadien basierend auf dem Hausrecht rechtswirksam gegenüber natürli-chen Personen ausgesprochen werden.

---

[158] Vgl. Breucker, JR 2005, S. 134; Hilpert, Das Fußballstrafrecht des DFB, S. 237.

b) Bundesweites Stadionverbot

Fraglich ist, welche Voraussetzungen für ein bundesweites Stadionverbot erfüllt sein müssen. Zunächst gelten dieselben grundsätzlichen Überlegungen hinsichtlich der Anspruchsgrundlagen wie in den Fällen des örtlichen Stadionverbotes. An dieser Stelle ist daher lediglich die „Ausweitung" des Hausrechtes auch auf andere Stadien, in denen der Aussprechende weder Eigentümer noch Besitzer ist, zu problematisieren.

Die oben geprüften einschlägigen Anspruchsgrundlagen für ein Stadionverbot können mit der konkreten Rechtsfolge nicht herangezogen werden, um das Stadionverbot auch für weitere Stadien auszusprechen.

Voraussetzung der Anspruchsgrundlagen ist entweder der Besitz des Stadions oder das Eigentum am Stadion. Beides liegt für die Erweiterung des Stadionverbotes auf andere Stadien nicht vor.

Fraglich ist daher, wie es dennoch zu einer wirksamen Aussprache eines bundesweiten Stadionverbot kommen kann. Gem. § 1 Abs. 5 Satz 1 StVerRl bevollmächtigen sich die Vereine[159] und Verbände[160] durch eine separate Erklärung untereinander, das Stadionverbot auch für die in ihrem Besitz oder Eigentum stehenden Stadien auszusprechen.

Die Betroffenen der StVerRl verpflichten sich eine entsprechende Bevollmächtigung auszustellen und an den DFB zu senden. In den Erklärungen erteilen die Betroffenen die notwendigen Ermächtigungen und Vollmachten, für die Aussprache eines bundesweiten Stadionverbotes auf der Grundlage der StVerRl.[161]

Diese Ermächtigung, für einen Dritten über den Unterlassungsanspruch zu verfügen ist sowohl für den Unterlassungsanspruch nach § 1004 BGB[162] als für den Anspruch aus § 862 BGB[163] zulässig.

Die Tatsache, dass es sich bei der StVerRl evtl. um eine verfassungswidrige Privatstrafe handelt, bzw. diese keine wirksame Anspruchsgrundlage

---

[159] Vgl. Erklärung zu den bundesweiten Stadionverboten der Bundesligisten.

[160] Vgl. Erklärung zu den bundesweiten Stadionverboten des DFB.

[161] Vgl. Erklärung zu den bundesweiten Stadionverboten des DFB.

[162] Vgl. Palandt, Bassenge, § 1004, Rn. 2; Orth/Schiffbauer, RW 2011, S. 197; BGH, Walker/Klopp, LMK 2010, 295984.

[163] Vgl. Palandt, Bassenge, § 862 Rn. 1; Walker, Bundesweite Stadionverbote auf dem Prüfstand, S. 494; BGH, Walker/Klopp, LMK 2010, 295984.

für die Aussprache eines Stadionverbotes darstellt, spielt für die Frage der Rechtmäßigkeit der Stellvertretung keine Rolle, da eigene Ermächtigungen für die Stellvertretung ausgesprochen werden, die in erster Linie Grundlage der Stellvertretung sind.

Der aussprechende Verein spricht gem. §§ 164 ff. BGB im Wege der Stellvertretung ein Stadionverbot auch für die anderen betroffenen Vereine aus. Voraussetzung dafür ist, dass auch dem Vertretenden ein eigener Unterlassungsanspruch gegen den Unterlassungsverpflichteten zusteht und eine wirksame Bevollmächtigung vorliegt.[164]

Auch wenn an die drohende Beeinträchtigung keine allzu hohen Hürden gestellt werden dürfen,[165] muss jeweils schon eine Gefährdung der anderen Vereine zu besorgen sein.

Da es ausreichend ist, dass eine konkrete Beeinträchtigung im Zusammenhang mit dem Fußball vorliegen muss, gilt die Beeinträchtigung, die einem Verein droht, oft auch gleichzeitig als Bedrohung für den anderen Verein.

Auch in diesem Fall kann sich der Verein auf eine drohende Beeinträchtigung einer Fußballveranstaltung berufen. Die tatsächliche Vermutung, wer einmal sicherheitsrelevant aufgetreten ist, wird dies ausreichend wahrscheinlich auch anderen Ortes wiederholen, gilt auch hier.

Problematisch sind lediglich Fälle, in denen der sachliche Grund für die Aussprache des Stadionverbotes einen konkreten Bezug zu dem einen betroffenen Verein oder Stadiongelände hat und kein weiterer Bezug zu anderen Fußballvereinen oder Veranstaltungen zu befürchten ist. Denn ob automatisch aus jedem sicherheitsrelevanten Verhalten zu vermuten ist, dass dieses sich auch in anderen Stadien wiederholt, ist zu bezweifeln. Die Frage ob durch das festgestellte oder vermutete sicherheitsrelevante Verhalten des Betroffenen auch für den gerade vertretenen Verein eine zukünftige Beeinträchtigung wahrscheinlich ist, muss für jeden Verein eigenständig bejaht werden.

---

[164] Vgl. Orth/Schiffbauer, RW 2011, S. 197; Gietl, JR 2010, S. 50; LG Paderborn, Urteil vom 25.01.2008, Az.: 2 O 10/08.

[165] Vgl. BGH, NJW 2010, S. 536; Breucker, SpuRt 4/2005, S. 137; Breucker, JR 2005, S. 136; Walker, Bundesweite Stadionverbote auf dem Prüfstand, S. 497.

Sodann kann ein Verein bei wirksamer Ermächtigung im Namen eines anderen Vereins ein Stadionverbot für ein fremdes Stadion aussprechen. In der DFB Erklärung[166] und auch in den vorliegenden Erklärungen der Saison 2011/2012[167] erklären sich die Vereine ausdrücklich damit einverstanden, dass ein auf Grundlage der StVerRl ausgesprochenes Stadionverbot auch in ihrem Namen für ihre Stadien ausgesprochen werden kann. Die StVerRl kann auch trotz fehlender Auswirkungen und problematischer Verfassungskonformität als Anwendungsmaßstab für die Bevollmächtigung herangezogen werden.

Zwischen den Vereinen und dem DFB gilt die StVerRl weiterhin. Dies bedeutet, dass die darin festgehaltenen Maßstäbe für die Aussprache und die Dauer des Stadionverbotes für die Vereine bindend sind. Davon kann dann auch die Wirksamkeit der Vollmachten der einzelnen Vereine abhängen. Hält ein Verein sich nicht an die vorgeschriebene Höchstdauer, kann dieses Stadionverbot rechtlich wirksam sein. Die Aussprache im Namen eines anderen Vereins würde dann aber an der fehlenden Bevollmächtigung scheitern und es würde nur ein örtliches Stadionverbot bestehen.

Da keine weiteren Bedenken hinsichtlich der wirksamen Stellvertretung vorhanden sind, ist die in der Praxis gewählte Stellvertretung möglich.[168] Die Möglichkeit Bundesweite Stadionverbote auszusprechen, ist daher zwar einmalig aber juristisch nicht zu beanstanden.

c) Ergebnis

Für die Erteilung von örtlichen und bundesweiten Stadionverboten stehen sowohl den Eigentümern als auch den Besitzern der Stadien wirksame zivilrechtliche Anspruchsgrundlagen zur Verfügung.[169]

Wenn die gesetzlichen Anforderungen an die Unterlassungsansprüche erfüllt sind, bedarf es seitens der Betroffenen keiner besonderen Eigenschaften, auch die Vereinsmitgliedschaft in einem dem DFB angeschlosse-

---

[166] Vgl. Erklärung zu den bundesweiten Stadionverboten des DFB.

[167] Vgl. Erklärung zu den bundesweiten Stadionverboten der Bundesligisten.

[168] Vgl. BGH, Walker/Klopp, LMK 2010, 295984; Orth/Schiffbauer, RW 2011, S. 197.

[169] Vgl. Sport und Gewalt, Walker, S. 73; Hilpert, Das Fußballstrafrecht des DFB, S. 237; Marzahn, ZJS 3/2010, S. 429; Orth/Schiffbauer, RW 2011, S. 205.

nen Verein ist nicht notwendig um wirksam verpflichtet werden zu können.[170] Durch das gewählte Instrument der Stellvertretung ist es den
Vereinen auch möglich bundesweite Stadionverbote auszusprechen, was
durch den Bundesgerichtshof bestätigt wurde.[171]

---

[170] Vgl. Orth/Schiffbauer, RW 2011, S. 183.
[171] Vgl. BGH, NJW 2010, S. 535 ff..

B. Das Stadionverbot in der Praxis

Nachdem im ersten Teil der Arbeit das Instrument Stadionverbot und die StVerRl aus rechtstheoretischer Sicht betrachtet wurden, beschäftigt sich die Arbeit nunmehr mit der konkreten Anwendung und den sich daraus ergebenen rechtlichen Problempunkten.

I.   Umgang mit dem Instrument Stadionverbot

Auch der konkrete Umgang mit dem Instrument des bundesweiten Stadionverbotes, welcher bei vielen Fans für großes Unverständnis und Ärger sorgt, [172] birgt einige juristische Problempunkte.

1. Typischer Ablauf der Stadionverbotspraxis

Um besser einschätzen zu können, wie es zur Aussprache eines Stadionverbotes kommt und welches Verfahren bis zur Aussprache abläuft, wird zunächst einmal die übliche Stadionverbotspraxis dargestellt. Dabei ist zu berücksichtigen, dass es kaum veröffentlichte Verfahrensabläufe und sehr wenig konkrete Zahlen öffentlich zu finden gibt. Die von mir angeschriebenen polizeilichen Stellen und auch die Vereine sind meist nicht bereit oder in der Lage entsprechende Informationen zur Verfügung zu stellen. Daher basieren die folgenden Aufführungen weniger auf empirischen Daten als vielmehr auf der öffentlichen Wahrnehmungen, den mit der zuständigen Sachbearbeiterin geführten Gesprächen sowie den Erfahrungen des Verfassers am Beispiel Borussia Dortmund.

a) Zugrundeliegendes Ereignis

Es ist zu beachten, dass die Gründe für die Verhängung eines Stadionverbotes sehr unterschiedlich sein können. Begonnen mit dem Gewalttäter, über den Schwarzmarkthändler, bis hin zum Dieb oder demjenigen der sich verbotenerweise Zutritt zum Stadion verschafft hat. Aber auch der,

---

[172] Vgl. Thesing, Stadionwelt 2005, S. 7; Bagira, Stadionwelt 2005, S. 6; Fanrechtefonds, Fußballfans gründen Fanrechtefonds; Biermann, Freunde für einen Tag; Stadionwelt, Weitere Stimmen zu den Stadionverbotsrichtlinien.

der auf der Anreise rechtswidrig in den Straßenverkehr eingreift, kann mit einem Stadionverbot belegt werden.

In der Regel führen aber begangene Körperverletzungen zu Stadionverboten. Dies beinhaltet oft körperliche Auseinandersetzungen. In Dortmund auch sehr häufig den Becherwurf auf der Tribüne. Dieser wird, ob der harten Schale und der häufig vorkommenden Verletzungen, als eine versuchte gefährliche Körperverletzung gewertet, was dann zu einem Stadionverbot führt.

Diese Tat oder die Taten, welche Anlass für die Aussprache eines Stadionverbotes sind, müssen zunächst „aktenkundig" werden. Innerhalb des Stadions geschieht dies meist dadurch, dass der eigene Ordnungsdienst die Verfehlungen registriert und den Namen an die zuständige Stelle im Verein weiterleitet.

Außerhalb des Stadions werden solche Handlungen meist direkt an die Polizei weitergegeben oder von dieser festgestellt.

Durch die auf diese Weise der Polizei bekannt gewordenen Verfehlungen leitet diese entsprechende Schritte ein, um den Sachverhalt gem. § 163 Abs. 1 Satz 1 StPO zu erforschen.

In der Regel handelt es sich um eindeutige Fälle, bei denen der Täter und der Tathergang feststehen, so dass es keinen allzu großen Ermittlungsaufwand gibt.

b) Informationsweitergabe an die Vereine

Die ermittelnde Polizeibehörde prüft unmittelbar zu Beginn, ob durch das eingeleitete Ermittlungsverfahren und die dem Ermittlungsverfahren zugrunde liegende Verfehlung, die Voraussetzungen der StVerRl erfüllt sind. Insbesondere wird überprüft, ob ein Fall des § 4 Abs. 3 StVerRl vorliegt.

Kommt die Polizei zu dem Ergebnis, dass die Voraussetzungen der StVerRl erfüllt sind, gibt sie die notwendigen und vorhandenen Informationen über das eingeleitete Ermittlungsverfahren an die Vereine weiter. Dies geschieht in der Regel noch vor der Abgabe der Ermittlungsergebnisse an die Staatsanwaltschaft oder der schriftlichen Anhörung des Beschuldigten.

Daraus ist zu erkennen, dass die Weitergabe der Informationen an den Verein sehr zeitnah nach dem Ereignis erfolgt, meist innerhalb weniger Tage. In komplizierten oder besonderen Fällen kann es auch bis zu zwei Monate dauern, bis die Polizei entsprechende Informationen weiterleitet.

Diese Informationen beschreiben je nach Art des Vergehens und Häufigkeit dieser Vorfälle sehr detailliert oder nur knapp was vorgefallen ist. Kleinere Fälle, wie beispielsweise der Becherwurf werden oft nicht ausführlich mit Informationen und Hintergrundermittlungen belegt. Dies hängt überwiegend damit zusammen, dass die strafrechtliche Verfolgung solcher Taten meist nicht bis zur Verurteilung geführt wird und ein entsprechender Ermittlungsaufwand nicht angemessen erscheint und die Polizei nicht zur Informationsbeschaffung der Vereine verpflichtet ist.

c) Ausspruch des Stadionverbotes

Die den Vereinen und Verbänden bekannt gewordenen Tatsachen werden dann durch die Entscheidungsträger ausgewertet. Sollten zu diesem Zeitpunkt bereits eigene Informationen durch eigenes Erleben oder eingegangene Stellungnahmen von betroffenen Personen vorliegen, fließen diese in die Bewertung des Tatgeschehens und der Person mit ein.

Kommen der Verein oder die Verbände daraufhin zu dem Ergebnis, dass die gesetzlichen Voraussetzungen für die Aussprache eines Stadionverbotes vorliegen und halten sie es aus präventiven Gesichtspunkten für notwendig, den Betroffenen von weiteren Veranstaltungen auszuschließen, wird ein Stadionverbot ausgesprochen. Ob es in jedem Fall die juristischen Voraussetzungen des Hausverbotes sind, oder ob es doch eher die Voraussetzungen der StVerRl sind, welche von den Vereinen zugrunde gelegt werden, kann an dieser Stelle mangels zuverlässiger Informationen nicht abschließend beantwortet werden.

Letztendlich wird das Stadionverbot durch eingeschriebenen Brief dem Betroffenen zugestellt und dadurch bekannt gegeben. Ab diesem Zeitpunkt entfaltet es auch seine rechtliche Wirkung und Bindung.

Sollten die Voraussetzungen der StVerRl für ein bundesweites Stadionverbot erfüllt sein, spricht der Verein dieses im Namen der anderen Vereine und Verbände aus. In der Praxis zeigt sich, dass die erheblich überwiegende Anzahl der Stadionverbote bundesweite Wirkung haben.

Auch zeigen die Erfahrungen, dass der Schwerpunkt der Regelungen der StVerRl zwar auf den festgestellten Verstößen und Verfehlungen basiert, in der täglichen Umsetzung sieht es aber so aus, dass der überwiegende Teil der Stadionverbote lediglich gem. § 4 Abs. 3 StVerRl ausgesprochen wird.[173]

Dies bedeutet, dass nicht konkret bis zum Ende ermittelt wird, ob die dem Ermittlungsverfahren zugrundeliegenden Tatsachen der Wahrheit entsprechen. Es reicht vielmehr aus, dass Tatsachen vorliegen, welche die Eröffnung eines Ermittlungsverfahrens gerechtfertigt haben.

Die meisten ausgesprochenen Stadionverbote basieren auf der Mitteilung der Informationen durch die Polizei.[174]

Durch den Erhalt eines bundesweiten Stadionverbotes werden gleichzeitig die Voraussetzungen für die Eintragung in die Datei Gewalttätersport erfüllt, so dass eine Eintragung des Betroffenen vorgenommen wird.[175] Diesbezüglich übermitteln die Vereine die Daten an die Zentrale Informationsstelle Sporteinsätze (ZIS).

Der DFB und die Polizeibehörden werden darüber informiert, wenn ein Verein ein bundesweites Stadionverbot ausspricht. Entsprechend der bei ihm eingegangenen Informationen, versendet der DFB wöchentlich eine aktualisierte Liste der Stadionverbotler an die Vereine der Ligen, für welche die StVerRl bindende Wirkung entfaltet.

Auch diese Liste muss gem. § 9 Abs. 5 StVerRl von den Vereinen an die örtlich zuständige Polizeibehörde weitergeleitet werden. Zusätzlich soll die örtliche Polizei auch über die lediglich örtlich ausgesprochenen Stadionverbote informiert werden.

Manche Vereine informieren auch noch direkt den Bezugsverein, wenn sie einem Fan der Gastmannschaft ein Stadionverbot erteilt haben. Dies ist

---

[173] Vgl. Orth/Schiffbauer, RW 2011, S. 189; Winter, Stadionverbote, S. 9 f; Orth/Schiffbauer, RW 2011, S. 189.
[174] Vgl. Evaluierung Stadionverbote, S. 5.
[175] Vgl. Rautenberg, Gewalttätigkeiten bei Großveranstaltungen, S. 6; LZPD, Gewalttäter Sport.

aber keine verpflichtende Regelung und wird von den Vereinen unterschiedlich gehandhabt.

d) Vom Ausspruch bis zum Ende des Stadionverbotes

Die Reaktionen nach dem Ausspruch eines Stadionverbotes sind sehr unterschiedlich und hängen von verschiedenen Faktoren ab. Der weitere Fortgang hängt dabei stark von der Einzelperson, der nachgewiesenen Schuld oder Unschuld bzw. dem Fortgang des Ermittlungsverfahrens und der weiteren Informationsbeschaffung ab.

In der StVerRl ist verankert, dass der Betroffene nach Erhalt des Stadionverbotes gem. § 5 a StVerRl weiterhin die Möglichkeit hat, seine Sicht der Dinge gegenüber dem Verein oder Verband zu schildern. Dies führt zwangsläufig dazu, dass der Verein anhand der neuen Informationslage die Aussprache neu bewertet. Daraufhin kann es zu einer Aufhebung oder Reduzierung der Verbotsdauer kommen, es muss aber keine andere Einschätzung zur Folge haben.

Für die Betroffenen besteht die Möglichkeit, vor oder bei der Abgabe einer Erklärung gegenüber dem Verein, Hilfe durch örtliche Fanprojekte, den vereinseigenen Fanbeauftragten und oder dem Fanrechtefonds in Anspruch zu nehmen. Natürlich kann an dieser Stelle auch ein Jurist mit der Wahrnehmung der Interessen des Betroffenen beauftragt werden. Dies geschieht aber nur in sehr wenigen Fällen.

Auch die abschließende gerichtliche Überprüfung eines ausgesprochenen Stadionverbotes erfolgt, ob der geringen Anzahl von erfolgreichen Interventionen nur selten. Meistens entwickelt sich auch kein reger Schriftwechsel zwischen dem Verein und dem juristischen Vertreter. Vielmehr erstreckt sich die juristische Reaktion zumeist auf einen einzigen Schriftsatz, indem versucht wird, das Stadionverbot aufzuheben.

Auf die in Dortmund ausgesprochenen Stadionverbote erfolgt meist keinerlei Reaktion durch die Betroffenen. Ob dies daran liegt, dass die Betroffenen, das verhängte Stadionverbot akzeptieren oder ob sie glauben, dass es keine Möglichkeit gibt gegen das Stadionverbot vorzugehen, kann nur vermutet werden.

Werden dem Verein Umstände bekannt, die den Sachverhalt oder die Person anders und positiver darstellen, bzw. beteiligt sich der Betroffene erfolgreich an entsprechenden Bewährungsmodellen, werden die ausgesprochenen Stadionverbote oft deutlich reduziert oder ausgesetzt.

Diese Entscheidungen werden immer bezogen auf den Einzelfall getroffen. Ein starres Muster oder einen Leitfaden, der vorgibt in welchen Fällen wie zu handeln ist, gibt es lediglich im Falle eines erwiesenen Freispruchs oder der Einstellung des Ermittlungsverfahrens gem. § 170 II StPO. In diesen Fällen muss das Stadionverbot gem. § 6 StVerRl aufgehoben werden.

Nach dem Ende des Stadionverbotes kann der Betroffene wieder ohne weitere Schritte die Stadien betreten.

2. Rechtliche Fragen der Stadionverbotspraxis

Der dargestellte „übliche" Verfahrensablauf bei Aussprache eines Stadionverbotes wirft einige rechtliche Fragen und Problemstellungen auf, welche an dieser Stelle zusammenfassend dargestellt werden.

a) Tatsächliche Bindung an die StVerRl

Durch die innerverbandliche Richtlinie sind die Betroffenen der Richtlinie gem. § 14 Nr. 1 b) der Satzung des DFB intern verpflichtet, sich bei der Aussprache von Stadionverboten an die entsprechenden Regelungen zu halten.

Sollten sie dies nicht tun, droht neben den möglichen DFB Sanktionen gem. § 44 II der Satzung des DFB, auch noch gem. § 33 der Richtlinie zur Verbesserung der Sicherheit bei Bundesspielen eine Platzsperre. Zudem würden, bei Verstößen gegen die StVerRl die erteilten Vollmachten keine Wirkung entfalten, da diese nur für den Fall der Beachtung der StVerRl, wirksam erteilt wurden.

Diese starre Bindung, der sich die Vereine unterworfen haben, führt in der Regel zu einer Aussprache von Stadionverboten, wenn die Voraussetzungen der StVerRl erfüllt sind. Dabei werden dann oft weniger die notwendigen gesetzlichen Anspruchsgrundlagen beachtet, als die StVerRl.

Daher ist zu überprüfen, ob jeder Anwendungsfall der StVerRl zugleich die gesetzlichen Tatbestandsvoraussetzungen der dem Hausrecht zugrunde liegenden Unterlassungsansprüche erfüllt.

aa)   Innerer Zusammenhang zur Fußballveranstaltung

Fraglich ist, ob die StVerRl in ausreichendem Maße verlangt, dass der Grund, welcher für die Aussprache des Stadionverbotes verantwortlich ist, im Zusammenhang mit der Veranstaltung steht, die der Betroffene dann nicht mehr besuchen darf.

Hier könnte die StVerRl sowohl in der Definition des Stadionverbotes in § 1 Abs. 1 StVerRl als auch in § 4 Abs. 1 StVerRl ausreichend den Zusammenhang zu dem Ereignis Fußball vorschreiben. Der sachliche Grund muss gemäß der StVerRl im Zusammenhang mit dem Fußballsport und der Fußballveranstaltung stehen.

Diese Formulierung umgrenzt den Zusammenhang zum Fußball aber nicht ausreichend und geht zu weit. Denn auch die Reisevorbereitungen zur nächsten Auswärtsfahrt, wie z.B. die Beschaffungskriminalität, um sich die Reise zu finanzieren oder der Diebstahl von Fußballfanartikeln in einem Kaufhaus, stehen im Zusammenhang zum Fußballsport.

Fraglich ist, welche Konsequenzen diese über den gesetzlichen Rahmen hinausgehende „weite" Regelung hat. Im Ergebnis führt dies nicht zu einem generellen Verstoß gegen die Anspruchsgrundlage, da die „richtige" und engere Form des Zusammenhanges zum Fußball immer auch von der weiten Regelung der StVerRl umfasst ist. Lediglich in Fällen, in denen die StVerRl von den Vereinen zu weit ausgelegt wird, führt dies dazu, dass zwar die Anforderungen an die StVerRl erfüllt sind, ein ausgesprochenes Stadionverbot aber wegen des fehlenden Zusammenhangs nicht die Voraussetzungen der Anspruchsgrundlagen erfüllt und dadurch nicht rechtmäßig ist.

bb)   Sachlicher Grund des Stadionverbotes

Nicht jeder erdenkliche Grund, der im direkten Zusammenhang zum Fußballsport oder der Fußballveranstaltung steht, stellt eine erhebliche Beeinträchtigung dar, welche dazu führt, dass ein ausgesprochenes Hausverbot den gesetzlichen Anforderungen entspricht.

Durch den mittelbaren Kontrahierungszwang dürfen die Vereine nicht ohne Grund, Personen vom Besuch ihrer Spiele ausschließen. Ein derartiger Ausschluss ist sittenwidrig, wenn er ohne ausreichenden Grund, also willkürlich angeordnet wurde. Die Anforderungen an den sachlichen Grund sind dabei nicht so hoch.[176]

Das LG Duisburg[177] hat festgestellt, dass ein Stadionverbot, welches auf der StVerRl basiert, nicht willkürlich ist. Dies hat der BGH in seiner Entscheidung etwas revidiert, indem er erklärt, dass ein auf der StVerRl basierendes Stadionverbot *im Regelfall* nicht willkürlich ist.[178]

Die Einschätzung des BGH ist auch richtig, denn eine privatrechtlich begründete Regelung wie die StVerRl führt nicht automatisch zur Konkretisierung eines unbestimmten Rechtsbegriffes. Deutlich wird dies in den Fällen, in denen laut StVerRl ein Grund zur Aussprache vorliegt, aber gesetzlich keiner gegeben ist.

Eine derartige verbandsinterne Regelung kann nicht sachliche Gründe definieren, sie könnte diese lediglich anhand der gesetzlichen Anforderungen beschreiben und darstellen.

Auch wenn die StVerRl um Ausgewogenheit bemüht ist, gilt es konkret zu überprüfen, ob jeder aufgeführte Grund der StVerRl die gesetzlichen Anforderungen erfüllt. In der öffentlichen Wahrnehmung wird dies oft bezweifelt.[179]

Daher ist es angebracht, einige problematische Gründe der StVerRl, auf ihre Erheblichkeit hin zu überprüfen. Ferner ist zu beachten, dass die in der StVerRl aufgeführten Gründe für ein Stadionverbot oft weit gefasst

---

[176] Vgl. BGH, NJW 2010, S. 536; Breucker, SpuRt 4/2005, S. 137; Breucker, JR 2005, S. 136; Hardenberg, Stadionverbot, S. 27.

[177] Vgl. LG Duisburg, Urteil vom 20.11.2008, Az.: 12 S 42/08.

[178] Vgl. BGH, NJW 2010, S. 536.

[179] Vgl. Winter, Stadionverbot, S. 13 ff.; Schneider, Stadionverbote auf Verdacht.

sind und den Vereinen zusätzlich ein Ermessensspielraum zusteht. Ob der Grund für ein Stadionverbot letztendlich die gesetzlichen Anforderungen erfüllt, kann abschließend nur individuell für jeden Einzelfall beantwortet werden. Einige zu beachtenden Grundüberlegungen können aber dennoch zur Einschätzung und Bewertung herangezogen werden.

(1)   § 4 Abs. 2 StVerRl

Verstöße gegen die Stadionordnung sollen gem. § 4 Abs. 2 StVerRl ein Stadionverbot nach sich ziehen. Auch wenn es sich lediglich um örtliche Stadionverbote handelt, sind die gleichen Anforderungen an die gesetzlichen Anspruchsgrundlagen zu stellen. Ein örtliches Stadionverbot ist keine Strafe für minder schwere Verstöße, sondern stellt nur einen Fall dar, in dem die anderen Vereine darauf verzichten auch für ihre Anlagen ein Stadionverbot auszusprechen, die gesetzlichen Anforderungen bleiben gleich.

Das intendierte Ermessen gem. § 4 Abs. 2 StVerRl ist insofern zweifelhaft, dass nicht jeder Verstoß gegen die jeweils gültige Stadionordnung eine direkte Sicherheitsbeeinträchtigung darstellt.

Da es auch Verstöße gegen Stadionordnungen gibt, die für den sicheren Ablauf des Fußballspiels überhaupt keine Relevanz haben, könnte der sachliche Grund für die Aussprache eines Stadionverbotes fehlen.

Jeder Verein hat eine andere Stadionordnung und somit unterschiedliche Regelungen. Deswegen kann lediglich beispielhaft die Musterstadionordnung des DFB[180] für die beispielhafte Bewertung des sachlichen Grundes zur Hand genommen werden.

Danach kann z.B. gem. § 6 Abs. 1 h) Musterstadionordnung das Mitführen von Fahnen mit einer Stocklänge von über einem Meter ein Verstoß gegen die Stadionordnung darstellen, welcher wiederum zur Aussprache eines Stadionverbotes führen soll.

Durch derartige Verstöße kommt es nicht zwangsläufig zu Sicherheitsbeeinträchtigungen. Dennoch soll bei derartigen Verstößen ein Stadionverbot

---

[180] Vgl. DFB, Musterstadionordnung.

ausgesprochen werden, was hinsichtlich der Aussprache von Stadionverboten einen größeren Druck auf die Vereine legt, als die Möglichkeit „kann" ein Stadionverbot aussprechen.

Aus formal juristischer Sicht ist der reduzierte Ermessensspielraum in diesen Fällen in Ordnung. Durch den Verstoß gegen die Stadionordnung liegt eine nachgewiesene Missachtung der Regeln des Stadionbetreibers und somit eine Beeinträchtigung seiner Interessen vor. Für den Fall, dass eine derartige belanglose Regelung der Stadionordnung verletzt wird, besteht immer noch die Möglichkeit von der Aussprache des Stadionverbotes abzusehen.

Es ist nicht sittenwidrig, wenn ein Stadioninhaber oder Besitzer, den Verstoß gegen die von ihm aufgestellten Regeln als Begründung für die Aussprache eines Stadionverbotes heranzieht und dies allein ist Voraussetzung für den sachlichen Grund.

(2) § 4 Abs. 3 StVerRl

In diesem Paragraphen befindet sich die bei den Fans[181] und in der Literatur[182] umstrittenste Regelung darüber, in welchen Fällen ein Stadionverbot ausgesprochen werden soll.

(a) Eingeleitetes Ermittlungsverfahren

Gerade die Regelung in § 4 Abs. 3 StVerRl, dass die Einleitung eines Ermittlungsverfahrens ausreicht, um ein Stadionverbot auszusprechen, wird sehr kontrovers diskutiert.[183] Dabei werden nicht immer nur die entscheidungserheblichen Gesichtspunkte betrachtet und erörtert.

Nach einer Ansicht soll unabhängig von der nachgewiesenen Schuld, die Möglichkeit bestehen, ein Stadionverbot zum Schutze der Veranstaltungen aussprechen zu können.[184]

---

[181] Vgl. Fanrechtefonds, Fußballfans gründen Fanrechtefonds; Biermann, Freunde für einen Tag; Schneider, Stadionverbote auf Verdacht.

[182] Vgl. Orth/Schiffbauer, RW 2011, S. 189; Heermann, NJW 2010, S. 537; Klesczewski, JZ 5/2010, S. 253; Zuck, 11 Freunde Interview; Pro-Fans, Stadionverbot.

[183] Vgl. Heermann, NJW 2010, S. 537; Klesczewski, JZ 5/2010, S. 253; Orth/Schiffbauer, RW 2011, S. 215.

[184] Vgl. GdP, Begrüßt BGH Urteil; Freiberg, Stadionverbot auf Verdacht.

Die kritischen Stimmen sehen dagegen in dieser Regelung einen Verstoß gegen die rechtsstaatliche Unschuldsvermutung und mangels aktiver Einflussmöglichkeit auf die Einleitung und weitestgehend auch auf den Verlauf des Ermittlungsverfahrens, einen Verstoß gegen den Grundsatz des rechtlichen Gehörs und des fair trial.[185]

Um die Frage, ob die Einleitung eines Ermittlungsverfahrens ausreichend ist, um einen sachlichen Grund für einen Unterlassungsanspruch darzustellen, ist zunächst zu prüfen, was die Einleitung eines Ermittlungsverfahrens bedeutet.

Gem. § 160 I StPO ist es notwendig, dass die Staatsanwaltschaft von dem Verdacht einer Straftat Kenntnis erlangt. Daraufhin wird dann das Ermittlungsverfahren eingeleitet. Ausreichend ist, gem. § 152 StPO die „leichteste" Verdachtsstufe, der „einfache Anfangsverdacht".[186] Ziel dieser Ermittlungen der Staatsanwaltschaft ist es, darüber Kenntnisse zu erlangen, ob und inwieweit nach welcher Strafbestimmung Anklage zu erheben ist oder aber, ob das Verfahren eingestellt werden kann.[187]

Auch werden in den Ermittlungen Hintergründe zu der Täterpersönlichkeit erfasst.[188] Allerdings wird dies oft erst zu einem späteren Zeitpunkt des Ermittlungsverfahrens gemacht und für die Aussprache eines Stadionverbotes ist es gemäß der StVerRl lediglich erforderlich, dass ein Ermittlungsverfahren eingeleitet wird.

Problematisch ist dabei, dass der Betroffene sich gegen die Einleitung und Fortführung des Ermittlungsverfahrens nicht zur Wehr setzen kann. In derartigen Fällen gibt es keinen Rechtsschutz.[189]

Auch ist zur Einleitung des Ermittlungsverfahrens kein besonderer Schritt oder keine besondere Mitteilung an den Beschuldigten notwendig, woraus er entnehmen könnte, welche Tat ihm zur Last gelegt wird. Der Beschul-

---

[185] Vgl. Gietl, JR 2010, S. 51; Zuck, 11 Freunde Interview; Kerscher, Rechtsstaatlich untragbar; Lüdeke, Der Willkür die Tür geöffnet.
[186] Vgl. Pfeiffer, StPO § 160, Rn. 3; Karlsruher Kommentar, StPO § 160, Rn. 7.
[187] Vgl. Pfeiffer, StPO § 160, Rn. 4.
[188] Vgl. Karlsruher Kommentar, StPO § 160, Rn. 28.
[189] Vgl. BVerfG NStz 2004, S. 447.

digte kann durch keinerlei Maßnahmen die Eröffnung des Ermittlungsverfahrens verhindern.

Hinsichtlich der Frage, ob ein Ermittlungsverfahren einen ausreichenden sachlichen Grund für die Aussprache eines Stadionverbotes darstellen kann, ist lediglich entscheidend, dass objektive Tatsachen vorliegen, welche die Befürchtung der zukünftigen Sicherheitsgefährdung begründen.[190] Nur subjektive Befürchtungen sind nicht ausreichend um die zukünftige Gefahr zu begründen.[191]

Als objektive Grundlage könnte hier die Tatsache der Einleitung des Ermittlungsverfahrens gesehen werden. Der BGH hat in seiner Entscheidung dargestellt, dass keine Bedenken bestehen, wenn allein die Einleitung eines Ermittlungsverfahrens als objektive Grundlage für die Aussprache eines Stadionverbotes herangezogen wird.[192]

Dafür könnte sprechen, dass die einzige Voraussetzung des sachlichen Grundes ist, einen willkürlichen Ausschluss zu verhindern und sonst keine hohen Hürden an den sachlichen Grund gestellt werden.[193] Ein eingeleitetes Ermittlungsverfahren könnte bereits zum Ausdruck bringen, dass sich der Beschuldigte nicht immer rechtstreu verhält und somit ein potentielles Sicherheitsrisiko darstellt.

Ferner ist, ob der gesetzlichen Anforderungen in § 152 StPO, sichergestellt, dass ein staatliches Ermittlungsverfahren nicht willkürlich eingeleitet werden kann, sondern dass es auf einem tatsächlichen Anfangsverdacht gegen den Beschuldigten beruht.

Untermauert wird diese Ansicht mit dem Argument, dass dem Verein kein so großer Ermittlungsapparat zur Verfügung steht, wie der Staatsanwaltschaft. Wenn die Staatsanwaltschaft den Anfangsverdacht bejaht, kann sich der Verein darauf beziehen. Die Staatsanwaltschaft und ihre Helfer

---

[190] Vgl. Orth/Schiffbauer, RW 2011, S. 215; Marzahn, ZJS 3/2010, S. 430; Walker, Bundesweite Stadionverbote auf dem Prüfstand, S. 497; Gietl, JR 2010, S. 50.

[191] Vgl. BGH, NJW 2010, S. 536; Breucker, JR 2005, S. 136; Orth/Schiffbauer, RW 2011, S. 215; Marzahn, ZJS 3/2010, S. 430; Walker, Bundesweite Stadionverbote auf dem Prüfstand, S. 497; Gietl, JR 2010, S. 50.

[192] Vgl. BGH, NJW 2010, S. 536; Breucker, JR 2005, S. 136.

[193] Vgl. BGH, NJW 2010, S. 536; Breucker, JR 2005, S. 136.

stehen meist die besseren Erkenntnisse über den Tatablauf und die Beteiligung der Betroffenen zur Verfügung.[194]

Allerdings spricht die Tatsache, dass ein Ermittlungsverfahren auch auf einfachen Behauptungen basieren kann, dagegen. Der lediglich notwendige Anfangsverdacht kann auch dadurch begründet werden, dass jemand einen Dritten zu Unrecht beschuldigt und als Täter darstellt. Ausreichend für die Einleitung des Ermittlungsverfahrens sind gem. § 152 Abs. 2 StPO „tatsächliche Anhaltspunkte". Bloße Tatsachenbehauptungen müssen aber nicht zwangsläufig auf Tatsachen basieren, die notwendig sind um eine zukünftige Sicherheitsgefährdung zu prognostizieren.[195] Durch Behauptungen können Ermittlungsverfahren eingeleitet werden, ein zivilrechtlicher Anspruch kann aber nicht durch bloße Behauptungen begründet werden.[196]

Würde die Einleitung des Ermittlungsverfahrens ohne weitere Tatsachen einen ausreichenden Grund darstellen, könnten aus reinen Behauptungen feststehende Tatsachen werden.[197] Dies ist unserem rechtsstaatlichem Verständnis fremd und nicht mit diesem vereinbar.[198]

Das weitere Argument des fehlenden Ermittlungsapparats und der darauf basierenden schwierigeren Informationsbeschaffung geht fehl.[199] Dass ein Verein keine besseren Erkenntnisse erlangen kann, als der staatliche Ermittlungsapparat, ist gerade im Bezug auf die hier zu treffende Prognoseentscheidung über das zukünftige Verhalten des Betroffenen zumindest zweifelhaft. Die Vereine könnten mit den ihnen zustehenden Mitteln (Sicherheitsdienst, Fanbeauftragten, Fanprojekten und Fanabteilungen) in den meisten Fällen sicher ein detaillierteres Bild über die betroffene Persönlichkeit zeichnen, als eine polizeiliche Behörde, die lediglich strafrechtlich relevante Beobachten registriert und verfolgt.

---

[194] Vgl. BGH, NJW 2010, S. 536.
[195] Vgl. Orth/Schiffbauer, RW 2011, S. 193; Klesczewski, JZ 5/2010, S. 254.
[196] Vgl. Klesczewski, JZ 5/2010, S. 253; Orth/Schiffbauer, RW 2011, S. 199.
[197] Vgl. Klesczewski, JZ 5/2010, S. 254.
[198] Vgl. Orth/Schiffbauer, RW 2011, S. 193.
[199] Vgl. Klesczewski, JZ 5/2010, S. 254.

Stützt der aussprechende Verein ein Stadionverbot lediglich auf der Tatsache, dass ein Ermittlungsverfahren eröffnet wurde, weil er sich darauf beruft, dass die Ermittlungsbehörde bessere Quellen hat, bietet dies keinen Schutz vor Ermittlungsverfahren, die aufgrund von falschen Tatsachenannahmen willkürlich eingeleitet wurden.

Bei der Frage, ob ein zivilrechtlicher Anspruch gegen eine Person besteht ist zu überprüfen, ob die Tatbestandsvoraussetzungen vorliegen oder nicht. Dabei spielt es keine Rolle, ob der sich auf die Anspruchsgrundlage Berufende glauben durften, einen Anspruch zu haben. Sind die Voraussetzungen oder die Tatsachen unter den Parteien umstritten, obliegt es der beweisbelasteten Partei durch Beweisantritt zu beweisen, dass entsprechende Tatbestandsvoraussetzungen vorliegen.[200] Das Gericht muss dann durch Beweisaufnahme die Streitigkeit klären und entscheiden. Es kann sich nicht darauf zurückziehen, dass aus Sicht des Vereins das Vorliegen der Anspruchsgrundlagen wahrscheinlich ist oder war.[201]

Neben der herrschenden Meinung in der Literatur,[202] verlangt auch der BGH zu einem späterem Zeitpunkt in den Entscheidungsgründen, dass es nicht auf das Ermittlungsverfahren sondern auf die dem Ermittlungsverfahren zugrundeliegenden Tatsachen ankommt, um einen sachlichen Grund darzustellen.[203]

> *„Anknüpfungspunkt für das Stadionverbot ist nicht die Verwirklichung eines Straftatbestandes, sondern das Verhalten des Klägers, das Anlass für die Einleitung eines Ermittlungsverfahrens gegeben hat."[204]*

Dem kann hier gefolgt werden. Es müssen konkrete und objektive Tatsachen vorliegen, welche die Sicherheitsbeeinträchtigung befürchten las-

---

[200] Vgl. Klesczewski, JZ 5/2010, S. 254; Orth/Schiffbauer, RW 2011, S. 199.

[201] Vgl. Klesczewski, JZ 5/2010, S. 254.

[202] Vgl. Orth/Schiffbauer, RW 2011, S. 193; Klesczewski, JZ 5/2010, S. 254, Breucker, JR 2005, S. 135; Gietl, JR 2010, S. 50; Sport und Gewalt, Höfling, S. 7.

[203] Vgl. BGH, NJW 2010, S. 536.

[204] BGH, NJW 2010, S. 536.

sen.[205] Damit handelt es sich nicht um ein verdachtsbezogenes Stadionverbot, sondern ein Stadionverbot, welches auf objektiven und beweisba-
ren Tatsachen beruht. Dabei ist es unerheblich, wozu diese Tatsachen
strafrechtlich führen. Wenn sie eine sicherheitsrelevante Beeinträchtigung
befürchten lassen, können sie zur Aussprache eines Stadionverbotes
herangezogen werden.[206]

Begründen die individuell festgestellten Tatsachen nicht die Vermutung
späterer Sicherheitsbeeinträchtigungen, besteht auch kein Unterlassungsanspruch.

Somit kommt es einzig auf die Tatsachen an, welche zur Einleitung des
Ermittlungsverfahrens führen. Alleine die Einleitung eines Ermittlungsverfahrens kann hingegen nicht dazu führen, dass ein sachlicher Grund
vorliegt, welcher die Aussprache eines Stadionverbotes rechtfertigt.[207]

Damit spielt die in der Literatur[208] und der Fanszene[209] kontrovers diskutierte Frage, ob und wenn welche Art der Einstellung des staatsanwaltli-
chen Ermittlungsverfahrens zu einer Aufhebung des Stadionverbotes
führen muss, keine Rolle, denn juristisch ist das Stadionverbot völlig
autark zu betrachten.

Das gilt auch für die Frage der Einstellung des Ermittlungsverfahrens
durch die Staatsanwaltschaft. Die lediglich rückwirkende Bewertung des
Sachverhaltes durch die Staatsanwaltschaft spielt keine oder nur eine sehr
geringe Rolle für das drohende zukünftige Verhalten des Betroffenen.
Entscheidend kommt es darauf an, ob der Verein nach dem tatsächlichen
Verhalten und der darauf basierenden Vermutung dem Betroffenen den
Zutritt zum Stadion verbieten möchte oder nicht.

Dadurch sind die dahingehenden Überlegungen, dass verdachtsbezogene
Stadionverbote eine Umgehung der Unschuldsvermutung darstellen und

---

[205] Vgl. BGH, NJW 2010, S. 536; Orth/Schiffbauer, RW 2011, S. 193; Klesczewski, JZ 5/2010, S. 254, Breucker, JR 2005, S. 135;Gietl, JR 2010, S. 50; Sport und Gewalt, Höfling, S. 7.

[206] Vgl. Gietl, JR 2010, S. 50.

[207] Vgl. Klesczewski, JZ 5/2010, S. 254, . Orth/Schiffbauer, RW 2011, S. 215.

[208] Vgl. Gietl, JR 2010, S. 51; Orth/Schiffbauer, RW 2011, S. 193 f.

[209] Vgl. Fanrechtefonds, Fußballfans gründen Fanrechtefonds; Biermann, Freunde für einen Tag; Schneider, Stadionverbote auf Verdacht.

das nicht abwarten des Ermittlungs- oder Klageverfahrens einen Verstoß gegen die Prinzipien unseres Rechtsstaates darstellen, unerheblich.

Durch den fehlenden Einfluss des Ermittlungsverfahrens auf die Tatsache des Bestehens eines sachlichen Grundes, ist es auch unerheblich, ob der Beschuldigte in irgendeiner Form Einfluss auf die Einleitung und den Gang des Ermittlungsverfahrens nehmen kann.

(b) Enumerativ aufgeführte Gründe

Die StVerRl führt in § 4 Abs. 3 StVerRl in 15 verschiedenen Unterpunkten katalogartig auf, welche eingeleiteten Ermittlungs- oder sonstige Verfahren einen schweren Fall darstellen und zu der Aussprache eines bundesweiten Stadionverbotes führen sollen.

Auch wenn dies nicht explizit in § 4 Abs. 3 StVerRl aufgeführt ist, ist natürlich immer zu beachten, dass die entsprechenden Verfahren auch einen Bezug zu der Fußballveranstaltung oder dem Fußballsport haben müssen. Ferner ist zu beachten, dass es sich bei den enumerativ aufgeführten Sachgründen um Vorgaben mit einem intendierten Ermessensspielraum handelt. Also nicht in jedem Fall eines eingeleiteten Verfahrens, muss ein Stadionverbot durch die Vereine ausgesprochen werden.

An dieser Stelle jetzt einzeln die aufgeführten Verfahrensgründe darzustellen, welche in der Regel zur Aussprache eines Stadionverbotes führen sollen, erscheint nicht zielführend.

Zum einen ist es natürlich wegen des vorhandenen Ermessensspielraums immer möglich, in Einzel- oder Problemfällen von der Aussprache abzusehen. Entscheidender ist aber, dass es, wie bereits dargestellt, für die Frage der Rechtmäßigkeit des Stadionverbotes gar nicht auf das förmliche Verfahren ankommt.

Daher bedarf es keiner detaillierten Betrachtung der einzeln aufgeführten Ermittlungsverfahren. Im Einzelfall ist jedoch anhand der gesetzlichen Voraussetzungen zu prüfen, ob durch das Verhalten des Betroffenen, welches theoretisch zu einem entsprechenden Ermittlungsverfahren führen kann, ein Unterlassungsanspruch besteht.

Jedes objektive Verhalten des Betroffenen, das zu einem entsprechenden Ermittlungsverfahren führen kann, stellt einen sachlichen Grund dar, welcher es als nicht sittenwidrig erscheinen lässt, den Betroffenen vom Besuch der Stadien auszuschließen.

Die Aufzählung in § 4 Abs. 3 StVerRl hat keine unmittelbare Wirkung mehr für die Begründung eines Stadionverbotes. Die aufgeführten vermuteten Straftatbestände können vielmehr nur mittelbar durch die Vereine genutzt werden. Anhand des individuellen Verhaltens des Betroffenen kann abgeschätzt werden, welche potentielle Beeinträchtigung von dem Betroffenen ausgeht und welche Dauer und welche Art von Stadionverbot angebracht ist.

Mit diesem Gerüst ist es möglich, durch die einheitliche Behandlung des bekanntgewordenen Verhaltens, und die gegenseitige Bevollmächtigung unter den Vereinen ein grobes Handlungsmuster abzustecken und im Namen der anderen Vereine Unterlassungsansprüche geltend zu machen.

Da lediglich die Frage, wie lange ein Unterlassungsanspruch besteht und ob sich die anderen Vereine durch das Modell der Bevollmächtigung dem Stadionverbot anschließen, anhand der aufgeführten Fälle entschieden werden kann, erscheint eine ausführliche Darstellung nicht notwendig.

Dagegen, dass durch die aufgeführten „Regelbeispiele" eine Vereinheitlichung der Ausspruchdauer und der bundesweiten Wirkung erzielt wird, ist juristisch nichts einzuwenden. Denn es umfasst unter Berücksichtigung der Tatsache, dass alleine das eingeleitete Ermittlungsverfahren keinen Aussprachegrund darstellt, nur den Bereich der Ausgestaltung der vorliegenden gesetzlichen Möglichkeiten.

b) Informationsweitergabe der Polizei an Vereine und DFB

Die StVerRl und ihre tatsächliche Umsetzung führen zu weiteren juristischen Problempunkten. Insbesondere stellt die unmittelbare und sofortige Weitergabe der polizeilichen Ermittlungen, an die privaten Vereine zu einem sehr frühen Stadium ein datenschutzrechtliches Problem dar.

Bei der Bekanntgabe der Tatsache, dass ein Ermittlungsverfahren gegen jemanden eröffnet wird und unter Schilderung des diesem Verfahren zugrundeliegenden Sachverhaltes durch die Polizei gegenüber einem privaten Dritten, handelt es sich in jedem Fall um einen Grundrechtseingriff für den von der Weitergabe Betroffenen.[210] Fraglich ist, ob dies auch gleichzeitig einen Verstoß gegen die informationelle Selbstbestimmung als besondere Ausprägung des allgemeinen Persönlichkeitsrechts darstellt.

Die Datenverarbeitung und Weitergabe durch die Polizei an Dritte muss, um rechtmäßig zu erfolgen, auf einer gesetzlichen Grundlage basieren. Dabei kommen ob der föderalen Struktur in den Ländern jeweils eigene Vorschriften zur Anwendung.[211] Auch § 16 Abs. 1 Nr. 1 BDSG erlaubt es personenbezogene Daten an nicht öffentliche Stellen weiterzugeben.

Alle gesetzlichen Ermächtigungsgrundlagen verlangen, dass die Weitergabe der Daten, für die Erfüllung der Aufgaben, der weitergebenden Stelle, erforderlich ist.

Die polizeiliche Aufgabe liegt darin, bei Fußballspielen oder der Anreise dafür zu sorgen, dass es zu keinen oder möglichst nur zu geringen sicherheitsrelevanten Beeinträchtigungen für die Zuschauer kommt.[212] Fraglich ist, ob es zur Erfüllung dieser Aufgabe erforderlich ist, die persönlichen Daten und die tatsächlichen Hintergründe über sicherheitsrelevantes Auftreten und Verhalten von Fußballfans an die Vereine und den DFB zu übermitteln.

Grundsätzlich sind die Anforderungen an die Erforderlichkeit sehr eng auszulegen, da eine Weitergabe von zu bestimmten Zwecken erhobenen Daten, nur unter bestimmten Voraussetzungen erlaubt sein soll.[213]

Natürlich ist die vorherige Datenbeschaffung und informationelle Tätigkeit als vorbeugende Maßnahme zur Gefahrenabwehr rechtlich einwandfrei und zweckmäßig, da sie im Zusammenhang von Ermittlungstätigkeiten erfolgt ist.[214]

---

[210] Vgl. Gietl, JR 2010, S. 53.
[211] Siehe auch § 44 PolG BW; Art. 41 BayPAG; § 45 ASOG Bln; § 36 g BremPolG; § 23 HSOG; § 44 NdsSOG; § 29 PolG NW; § 34 POG RP; § 34 SPolG; § 28 SOG LSA; § 193 LVwG SH; § 41 Abs. 3 S. 2 ThürPAG.
[212] Vgl. Nolte, NVwZ 2001, 148.
[213] Vgl. Gola/Schomerus, BDSG, § 16 Rn. 5.
[214] Vgl. Nolte, NVwZ 2001, 150.

Die einfache Weitergabe dieser Daten hilft der Polizei bei der präventiven Vermeidung von sicherheitsrelevanten Verhalten rund um ein Fußballereignis nicht weiter. Erst wenn eine darauf basierende Aussprache eines Stadionverbotes erfolgt, kann durch die Weitergabe der Daten ein etwaiger Schritt in Richtung von mehr Sicherheit bei Fußballveranstaltungen gesehen werden.

An dieser Stelle soll nicht darüber diskutiert werden, ob durch die Einführung und Anwendung der StVerRl die Sicherheitsbeeinträchtigungen rund um den Fußball eingedämmt wurden oder nicht. Dabei spielen zu viele unterschiedliche und statistische Faktoren eine Rolle. Es soll vielmehr vermutet werden, dass die Aussperrung von potentiellen Gefährdern zu mehr Sicherheit führt, weil diese keine Gefahr mehr darstellen.

Fraglich ist, ob das von den Vereinen zivilrechtlich ausgesprochene Stadionverbot erforderlich ist, um die Aufgaben der Polizei wahrzunehmen. Die Polizei hat eigene Mittel, wie das Aufenthaltsverbot, den Platzverweis und die Meldeauflage, zur Verfügung, um den Stadionbesuch von potentiell sicherheitsgefährdenden Besuchern auszuschließen. Diese Mittel sind gegenüber dem rechtlich nicht in der Sphäre der Polizei liegenden zivilrechtlichen Stadionverbot vorzugswürdig einzusetzen. Denn diese Mittel stehen der Polizei aufgrund eigener Ermächtigungsgrundlagen direkt als Mittel zur Aufgabenerfüllung zur Verfügung.

Problematisch bei der Beantwortung der Frage der Erforderlichkeit ist auch der sehr frühe Zeitpunkt, zu dem die Polizei die bekannt gewordenen Daten an die Vereine übermittelt. Zu einem derart frühen Zeitpunkt kann oft noch nicht sicher beantwortet werden, ob alle bekannten Tatsachen der Wahrheit entsprechen und vielmehr, ob überhaupt von dieser Person ein sicherheitsrelevantes Risiko für folgende Spiele ausgeht.

Dies ist aber in den konkreten Fällen gar nicht Aufgabe der Polizei, denn sie spricht die Stadionverbote nicht aus, sondern übermittelt „nur" notwendige Informationen an die Vereine.

Auf der anderen Seite ist zu berücksichtigen, dass ohne die Weitergabe von Informationen durch die Polizei, gerade sogenannte Drittortvergehen gar nicht von den Vereinen berücksichtigt werden könnten. Vereine verfügen über keinen eigenen Ermittlungsapparat, der Verfehlungen außerhalb ihrer Stadien feststellt. Dennoch haben die Vereine ein berechtigtes Interesse, über derartige Informationen zu verfügen, um die wirksame Anwendung der StVerRl zu ermöglichen.

Dies allein spielt aber datenschutzrechtlich keine Rolle, denn es kommt nicht auf das Interesse des die Daten Erhaltenden an, sondern auf die Erforderlichkeit für die Erledigung der polizeilichen Aufgaben.

Die Erforderlichkeit für die Polizei ergibt sich aus dem gemeinsamen Instrument der StVerRl, denn diese würde ins Leere laufen, bzw. deutlich weniger abschreckende und präventive Wirkung entfalten, wenn die Vereine nicht an die entsprechenden Daten über sicherheitsrelevantes Auftreten kommen könnten.

Da dieses präventive zivilrechtliche Mittel auch der Polizei bei ihren Bemühungen, der Sicherstellung der Sicherheit für alle Beteiligten bei Fußballveranstaltungen, hilft, ist es aus ihrer Sicht auch erforderlich, die entsprechenden Informationen weiter zu geben, um das Instrument StVerRl zu stärken.

Die Erforderlichkeit der Weitergabe ist zu bejahen, da auch die Unterstützung von gemeinschaftlichen präventiven Instrumenten einen erheblichen Einfluss auf die von der Polizei zu gewährleistende Sicherheit hat. Dennoch bleibt die Erforderlichkeit in manchen Fällen ein problematischer Gesichtspunkt, der in den wenigsten Fällen zweifelsfrei zu entscheiden ist.

Der Verstoß gegen das Verbot, persönliche Daten weiter zu geben, würde aber nicht dazu führen, dass ein Stadionverbot nicht rechtmäßig ist. Vielmehr führt dies dazu, dass der Verein die rechtswidrig erlangten Daten nicht verwenden darf. Es liegt ein Beweisverwertungsverbot vor.

Auch wenn daher die Weitergabe der Informationen durch die Polizei umstritten ist, so führt dies in keinem Fall zu einer Unwirksamkeit des Stadionverbotes.

c) Erheblicher Einfluss der Polizei auf Stadionverbotspraxis

Ein weiterer juristischer Problempunkt in der tatsächlichen Umsetzung der StVerRl könnte darin liegen, dass die Polizei faktisch die Stadionverbote ausspricht und das Stadionverbot somit zu einer hoheitlichen Maßnahme werden lässt, die dadurch einer gesonderten Ermächtigungsgrundlage bedürften.

Im Zeitraum April 2008 bis Dezember 2010 sind 84 % der erteilten Stadionverbote durch die Polizei angeregt worden.[215] Eine Evaluierung des DFB von 2009 hat sogar eine Quote von 95 % angeregter Stadionverbote durch die Polizei ergeben.[216]

Es ist also unverkennbar, dass die Polizei erheblichen Einfluss auf die Erteilung von Stadionverboten hat. Dadurch greift die Polizei stark in das zivilrechtliche Verhältnis zwischen Fan und Verein ein.

Die Gewerkschaft der Polizei fordert die Vereine sogar konsequent dazu auf, von dem Instrument Stadionverbot regen Gebrauch zu machen.[217] Auch sieht die Polizei dieses zivilrechtliche Instrument als unverzichtbare Möglichkeit an, um Gewalt im Zusammenhang mit dem Fußballsport einzudämmen.[218] Weiter geht sogar noch Herr Morbach von der ZIS. Er äußert, dass Repressionen, wie Stadionverbot und die Datei Gewalttäter-Sport erst dazu geführt haben, dass Familien wieder in die Stadien gehen können. Daher seien sie ein wichtiger und notwendiger Punkt, um die Sicherheit zu gewährleisten.[219]

Warum dies gerade von der Polizei so gesehen wird, erscheint nicht verständlich. Dem Staat stehen ausreichend rechtsstaatliche Mittel zur Verfügung, um auf entsprechende Gewalttäter einzuwirken. Diese Mittel kann die Polizei eigenständig und ohne notwendige Mithilfe von privaten Vereinen nutzen und umsetzen.

Da das zivilrechtliche Stadionverbot keinen staatlichen Eingriff in die Rechte des Betroffenen darstellt, sind die Vorrausetzungen für die zivil-rechtliche Aussperrung deutlich geringer. Es findet lediglich die Miss-brauchskontrolle statt.[220] Die leichtere Umsetzung des zivilrechtlichen

[215] Vgl. Evaluierung Stadionverbote S. 5.

[216] Vgl. Stadionwelt, Evaluierung Stadionverbotsrichtlinien.

[217] Vgl. GdP: Stadionverbote konsequent aussprechen, PM vom 13.05.2011.

[218] Vgl. Freiberg, Stadionwelt 2005, S. 34.

[219] Vgl. Morbach, Stadionwelt 2006, WM-Rückblick, S. 90.

[220] Vgl. Breucker, JR 4/2005, S. 137; Marzahn, ZJS 3/2010, S. 429.

Instrumentes könnte hier das ausschlaggebende Argument für die Polizei sein, sich derart auf das zivilrechtliche Stadionverbot zu fokussieren.

Bei der Bewertung der Rechtmäßigkeit hoheitlichen Handelns, welches einen Grundrechtseingriff nach sich zieht, ist immer eine gesetzliche Ermächtigungsgrundlage notwendig.[221] Bei der Bestimmung der richtigen Ermächtigungsgrundlage ist konkret zu betrachten, welche Handlungen die Polizei in diesen Fällen vornimmt.

Da die Aussprache der Stadionverbote unmittelbar durch die Vereine vorgenommen wird, stellt dies keine Handlung der Polizei dar. Auch die öffentlich getätigten Aussagen einzelner Polizisten stellen kein echtes hoheitliches Handeln in Bezug auf die Aussprache der Stadionverbote dar. Allerdings nimmt die Polizei aktiv Einfluss auf die Aussprache der Stadionverbote, indem sie die ihr bekannt gewordenen Informationen an die Vereine weiterleitet.

Diese Weitergabe ist wie bereits geprüft rechtlich abgesichert und basiert auf den jeweiligen landesrechtlichen Polizeigesetzen.[222] Da die Weitergabe sehr oft zu der Aussprache eines Stadionverbotes und damit zu erheblichen Folgen für den Betroffenen führt,[223] ist fraglich, ob sich durch die erheblichen Folgen eine andere rechtliche Bewertung ergibt.

Bei der Bewertung der Rechtmäßigkeit des staatlichen Handelns ist immer das Verhältnismäßigkeitsprinzip zu berücksichtigen.[224] Danach müssen Behörden zur Erhaltung der bestmöglichen Sicherheit, unter den gleich effektiven Maßnahmen, das Mittel wählen, welches den geringstmöglichen Eingriff in die Rechte des Betroffenen bedeutet.[225]

Das „zivilrechtliche Stadionverbot ist, wegen der deutlich geringeren Anforderungen und der eingeschränkteren Rechtsmittel, nicht als milderes Mittel im Verhältnis zu den weiteren polizeilichen Mitteln zu sehen. Dabei haben insbesondere die Dauer und die erforderlichen Tatbestandsvoraus-

---

[221] Vgl. Epping/Hillgruber, Huster/Rux, Art. 20, Rn. 159; Mangoldt/Klein/Strack, Verfasser, Art. 20, Rn. 273.

[222] Siehe auch § 44 PolG BW; Art. 41 BayPAG; § 45 ASOG Bln; § 36 g BremPolG; § 23 HSOG; § 44 NdsSOG; § 29 PolG NW; § 34 POG RP; § 34 SPolG; § 28 SOG LSA; § 193 LVwG SH; § 41 Abs. 3 S. 2 ThürPAG.

[223] Vgl. Evaluierung Stadionverbote S. 5; Stadionwelt, Evaluierung Stadionverbotsrichtlinien.

[224] Vgl. Epping/Hillgruber, Huster/Rux, Art. 20, Rn. 178; Dreier, Verfasser, Art. 20, (Rechtsstaat) Rn. 179 ff..

[225] Vgl. Breucker, NJW 2006, S. 1237.

setzungen eine deutlich einschränkendere Wirkung als die weiteren Mittel der Polizei.

Zudem wird, alleine aus dem emotionalen und juristisch kaum greifbaren Druck, den die Polizei erzeugen kann und der Tatsache, dass eine sehr große Anzahl der ausgesprochenen Stadionverbote auf Anregung der Polizei verhängt werden, aus dem zivilrechtlichen Stadionverbot allerdings kein hoheitliches Instrument.

Die Tatsache, dass häufig die Informationen der Polizei zu einem Stadionverbot führen, liegt oft darin begründet, dass es zunächst die Polizei ist, die von derartigen sicherheitsrelevanten Tatsachen in Form von Anzeigen oder Beobachtungen erfährt. Dadurch wird ein Stadionverbotsverfahren zwangsläufig aufgrund der Informationen der Polizei einleitet.

Da davon auszugehen ist, dass die Vereine anschließend jeden Einzelfall betrachten und anhand der gesetzlichen Tatbestandsvoraussetzungen bewerten, spielt die Herkunft der Informationen keine entscheidende Rolle. Bei der Verhältnismäßigkeit der Datenweitergabe ist die spätere Folge nicht zu berücksichtigen.

Somit bleibt es bei dem bereits festgestellten rechtmäßigen Handeln der Polizei. Ein rechtswidriges Einwirken bei der Erteilung eines Stadionverbotes liegt nicht vor.

d) Verstoß der Vereine gegen den Datenschutz

Die tatsächliche Umsetzung der StVerRl führt zwangsläufig dazu, dass viele persönliche Daten und Informationen über die Betroffenen erhoben, gespeichert und zwischen den einzelnen Beteiligten weitergereicht werden.

Diese Erhebung und Nutzung der Daten durch die privatrechtlich organisierten Vereine könnte einen Verstoß gegen datenschutzrechtliche Bestimmungen darstellen. Dabei ist genau zwischen den verschiedenen Arten der Datenverwendung zu unterscheiden.

(1) Erheben und Speichern der persönlichen Daten

Die Vereine erheben und speichern Informationen über die Betroffenen und ihr Verhalten, welches darauf schließen lässt, dass zukünftiges sicherheitsrelevantes Verhalten wahrscheinlich erscheint.

Nach § 9 Abs. 2 StVerRl müssen die Vereine neben den persönlichen Daten wie Name, Alter und Anschrift auch den Bezugsverein und den Grund des Stadionverbotes aufnehmen. Dies gilt sowohl für die Fälle des örtlichen, als auch des bundesweiten Stadionverbotes.

Fraglich ist, ob diese doch sehr sensiblen, meist im Zusammenhang mit strafrechtlichen Ermittlungen stehenden Daten, so einfach von den Vereinen erhoben werden dürfen.

In § 10 der StVerRl haben sich die Vereine und der DFB dazu verpflichtet, die datenschutzrechtlichen Bestimmungen zu beachten. Eine derartige Verpflichtung ist zumindest, was den ersten Absatz angeht nicht entscheidend, da das Bundesdatenschutzgesetzt unabhängig von der Regelung anzuwenden ist.

Die Rechtmäßigkeit der Datenerhebung folgt aus § 28 BDSG. Aus Absatz 1 Nummer 2 ergibt sich, dass insbesondere das Erheben und Speichern für eigene Zwecke der Vereine möglich ist. Dabei ist hauptsächlich zu beachten, dass ein berechtigtes Interesse an der Erhebung und Speicherung bestehen muss, welches nicht durch die Interessen des Betroffenen überwogen wird.

Der Betroffene hat ein starkes Interesse daran, dass die Informationen über sein Verhalten und die Personaldaten nicht gesammelt und gespeichert werden, damit daraus keine Maßnahmen gegen ihn abgeleitet werden können. Das Interesse der Vereine und des DFB an der Aussperrung von sicherheitsgefährdenden Personen, zur Verbesserung der Sicherheit in den Stadien, ist aber deutlich höher zu bewerten und wird somit nicht von den Interessen der Betroffenen überwogen.

Damit stellt das Erheben und Speichern der Daten, welche für die Verhängung eines Stadionverbotes notwendig sind und in § 9 Abs. 2 StVerRl aufgezählt werden, keinen Verstoß gegen den Datenschutz dar.

(2)   Weitergabe an den DFB und Speicherung der Daten

Die Vereine haben sich in § 9 Abs. 3 der StVerRl dazu verpflichtet, die gem. § 9 Abs. 2 StVerRl erhobenen Daten auch an den DFB und die DFL weiterzuleiten.

Diese doch erhebliche Verbreitung und Weiterleitung der entsprechenden Daten, könnte trotz der rechtmäßigen Erlangung der Daten einen Verstoß gegen datenschutzrechtliche Regelungen darstellen.

Da diese Daten aber weiter lediglich dafür genutzt werden, um das Instrument des bundesweiten Stadionverbotes wirksam durchzusetzen, sind die oben genannten Voraussetzungen, für die Erhebung und Speicherung ebenfalls gem. § 28 Abs 1 Nr. 2 BDSG anwendbar.

Ohne die Bekanntgabe, dass ein bundesweites Stadionverbot auch im Namen des DFB und der anderen Vereine ausgesprochen wurde, können die Vereine den Vollzug des Instrumentes nicht überwachen und dieses würde ins Leere laufen. Eine Abwägung der Interessen kann zu keinem abweichenden Ergebnis führen. Dies beinhaltet auch die eigenständige Verarbeitung der so erhaltenen Daten und die damit einhergehende Zentralverwaltung der bundesweiten Stadionverbote durch den DFB.

Auch das Interesse an der Weitergabe und Weiterverarbeitung der Informationen über ein bundesweites Stadionverbot überwiegt die Interessen des Betroffenen erheblich. Somit liegt kein Verstoß gegen das Datenschutzgesetz vor.

(3)   Weitergabe der Daten an örtlich zuständige Polizei und ZIS

Die Vereine sollen gem. § 9 Abs. 5 Satz 1 StVerRl die örtlich zuständigen Polizeidienststellen über die bestehenden bundesweiten und lokalen Stadionverbote informieren. Der DFB übermittelt gem. § 9 Abs. 5 Satz 2 StVerRl im Wege seiner Zentralverwaltung, die Liste der bundesweit bestehenden Stadionverbote an die ZIS, welche die Daten dann wiederrum in die Datei Gewalttäter-Sport übernimmt.

Diese Weitergabe der Informationen kann nicht unter die Regelung des § 28 Abs. 1 BDSG fallen. Die beiden verschiedenen Arten der Weitergabe der Informationen über die Stadionverbote an die Polizei und ZIS, sind für die Erfüllung der eigenen Geschäftszwecke der Vereine nicht notwendig. Die Einhaltung und Überwachung der zivilrechtlichen Hausverbote ist in erster Linie nicht Sache der Polizei. Für die Überwachung des Zutritts zu den Stadien sind die Vereine und ihr Ordnungsdienst zuständig. Zur Durchsetzung des Instruments Stadionverbot bedarf es neben der Informationsbeschaffung nicht noch der Informationsweitergabe durch die Vereine an die Polizei und die ZIS.

Ziel und Zweckrichtung der Aktivität der ZIS und insbesondere der Datei Gewalttäter-Sport ist es aber, der Polizei zu ermöglichen, ihre eigenen Maßnahmen zur Erhaltung der Sicherheit bei Sportveranstaltungen besser zu organisieren und zu gestalten.[226] Auch die Weitergabe der Daten an die lokale Polizei, kann dieser lediglich präventiv bei der Verhinderung von sicherheitsrelevanten Verhalten behilflich sein.

Fraglich ist somit, ob die Vereine, entgegen der Interessen der Betroffenen, berechtigt sind diese Daten zur Unterstützung der Polizeiarbeit weiter zu geben.

Als Ermächtigungsgrundlage kommt hier § 28 Abs. 2 Nr. 1 und Nr. 2 b) BDSG in Betracht. Danach ist die Übermittlung auch für einen anderen Zweck, als den eigenen Geschäftszweck, möglich.

Unproblematisch liegen die Voraussetzungen des berechtigten Interesses aus § 28 Abs. 1 Nr. 2 und die Erforderlichkeit zur Abwehr von Gefahren für die öffentliche Sicherheit, bei der Weitergabe der Daten vor.

Problematisch könnten lediglich die höheren Ansprüche an dem schutzwürdigen Interesse des Betroffenen sein. Entgegen der Voraussetzungen in Abs. 1 wird nunmehr verlangt, dass kein Grund zur Annahme besteht, dass der Betroffene ein schutzwürdiges Interesse am Ausschluss der Übermittlung hat.

Doch auch in diesem Fall überwiegt das Interesse des Betroffenen, seine Daten nicht weiterzugeben nicht dem Zweck der Übermittlung. Die Erhaltung und Gewährleistung größtmöglicher Sicherheit rund um eine Fußballgroßveranstaltung kann nur durch ein Zusammenwirken von Vereinen und

---

[226] Vgl. Rautenberg, Gewalttätigkeiten bei Großveranstaltungen, S. 9.

Polizei erreicht werden. Daher kann bei der Weitergabe der Informationen das persönliche Interesse auch nicht überwiegen. Somit ist die Weitergabe der Daten an die Behörden gerechtfertigt und es liegt kein Verstoß gegen das BDSG vor.

e) Ergebnis

Die tatsächliche Umsetzung und Gestaltung des Instruments Stadionverbot, insbesondere die StVerRl, begegnen in ihrer jetzigen Form einigen zum Teil erheblichen Bedenken. Im Allgemeinen führen diese Kritikpunkte und die zu beachtenden Voraussetzungen aber nicht dazu, dass das Instrument des Stadionverbotes insgesamt rechtswidrig ist.

II.   Persönliche Bedeutung eines Stadionverbotes

Jeder empfindet den zukünftigen Ausschluss aus einem oder mehreren Stadien sehr unterschiedlich. Dies hat insbesondere damit zu tun, welchen Stellenwert derjenige dem Fußball in seinem Leben zuordnet. Da aber insbesondere unter Juristen nicht jedem bewusst ist, welche Bedeutung der Stadionbesuch für eine Vielzahl der Betroffenen hat, soll dies in der gebotenen Kürze dargestellt werden. Auch wenn es keine wissenschaftlichen oder verlässlichen Studien gibt, die diese Wahrnehmung belegen können, ist es so, dass der weit überwiegende Teil derjenigen, welche von einem Stadionverbot betroffen sind aus der „Ultra-Bewegung" stammt. Eine genaue Betrachtung und Definition der „Ultra-Bewegung" kann an dieser Stelle nicht erfolgen, zumal dies ein sehr differenziertes und auch stark diskutiertes Feld ist.[227] Unabhängig von den Werten und Ideen, die diese Gruppen leben und darstellen, geht die Verbundenheit zu ihrem Verein und dem Fußballsport weit über den einfachen Stadionbesuch am Wochenende hinaus.[228]

---

[227] Vgl. Pilz/Wölki-Schumacher, Übersicht über das Phänomen der Ultrakultur; Pilz, Ultras und Supporter; Winter, Stadionverbote,   S. 22 ff..
[228] Vgl. Blickfang Ultra 2008/6, Ausgesperrt, S. 14; Raack, Draussen vor der Tür, S. 46; Gabriel, Stern Interview vom 5.09.2011; Pilz, Ultras und Supporter.

Die von einem Stadionverbot Betroffenen ordnen dem Fußball oft ihr gesamtes Leben unter, sie leben den Fußball, den Verein und die Kurve.[229] Ihnen droht daher mit der Aussperrung aus den Stadien oft nicht nur der Verlust der 90 Minuten, sondern ihnen wird der komplette Lebensmittelpunkt genommen.

Genauso unterschiedlich das Empfinden eines Stadionverbotes ist, sind die Reaktionen auf ein erteiltes Stadionverbot. Manche ziehen sich aus der „Ultra-Bewegung" zurück und manche verabschieden sich ganz vom Fußball und suchen sich andere Hobbys. Viele der Ausgesperrten lassen sich aber nicht von einem Stadionverbot unterkriegen. Sie versuchen ein Teil der Gruppe zu bleiben und reisen weiterhin gemeinsam mit der Gruppe zu den Auswärtsspielen. Der einzige doch sehr bedeutende Unterschied ist, dass die Stadionverbotler das Stadion dann nicht betreten dürfen.

Die Gruppen unterstützen die Stadionverbotler, indem sie ihnen Fahnen, Spruchbänder oder Gesänge widmen und so deutlich wahrnehmbar die Solidarität mit diesen bekunden.[230] Diese gezeigte und gelebte Solidarisierung und das weitere Begleiten der Gruppe zeigen, dass viele Betroffene eine über die 90 Minuten hinausgehende enge emotionale Bindung zum Verein und zu der Gruppe haben. Ein gewünschter Effekt der StVerRl, die Gruppen zu schwächen und die „Gewalttätigen" zu isolieren, wird in diesen Fällen nicht erreicht.

Nur wenn man begreift und sich vergegenwärtigt, was es für viele bedeutet, von einem Stadionverbot betroffen zu sein, kann man verstehen, welche tiefgreifenden Ängste und Empfindungen bei einem Betroffenen geweckt werden und welche Brisanz die Problematik dadurch entwickelt nur dadurch kann eine vollständige und gute juristische Bewertung und Beratung erfolgen.

---

[229] Vgl. Blickfang Ultra 2008/6, Ausgesperrt, S. 14; Raack, Draussen vor der Tür, S. 46; Pilz/Wölki-Schumacher, Übersicht über das Phänomen der Ultrakultur, S. 7 ff.; Pilz, Ultras und Supporter.
[230] Vgl. Blickfang Ultra 2008/6, Ausgesperrt, S. 15; Winter, Stadionverbote, S. 28 ff..

C. Anwaltliche Beratung im Zusammenhang mit Stadionverboten

Gerade ob der enormen emotionalen Betroffenheit der von einem Stadionverbotsverfahren Betroffenen und der enormen Komplexität dieses Themas, bietet sich ein spannendes und übergreifendes Themengebiet.

Zu bedenken ist dabei, dass es bundesweit jährlich weniger als 2.000 Fälle von ausgesprochenen Stadionverboten gibt, [231] die jedoch nicht alle umstritten sind. Hinzuzurechnen sind noch die Fälle, in denen kein Stadionverbot verhängt wurde, aber dennoch eine juristische Beratung notwendig ist. Verteilt auf das gesamte Bundesgebiet sind dies nicht sehr viele potentielle Mandate. In den besonderen Fußballhochburgen und die damit verbundene Verdichtung potentieller Mandate, ist die spezialisierte Beratung in diesem Feld dennoch sehr interessant.

Ein Rechtsanwalt, der sich einen Namen in einer solchen Fanszene erarbeitet hat, erreicht einen starken Verbreitungsgrad und wird sehr wahrscheinlich, wenn er das entsprechende Vertrauen gewinnt, auch in anderen, die Gruppe oder die Personen betreffenden Fällen, mandatiert.

Hinzu kommt, dass die Dankbarkeit aufgrund der enormen Bedeutung für den einzelnen sehr groß sein wird, was neben den monetären Gesichtspunkten eine nicht unerhebliche Rolle spielt.

Im Folgenden wird daher dargestellt, welche anwaltlichen Beratungs- und Reaktionsmöglichkeiten sich ergeben. Zu beachten ist, dass an dieser Stelle lediglich im Überblick geschildert werden kann, welche Beratungsmöglichkeiten bestehen. Jede anwaltliche Beratung ist unterschiedlich, zumal jeder Mandant andere Vorstellungen einer Beratung und andere Zielvorstellungen hat. Hinzu kommt, dass es sich tatsächlich immer um Einzelfälle handelt und die Mandatierung zu unterschiedlichen Zeitpunkten erfolgen kann.

---

[231] Vgl. DFB Evaluierung, S. 5.

I.   Vorgehen gegen Stadionverbote

1. Außergerichtliches Vorgehen

Wie in vielen anderen juristischen Beratungen sollte zunächst einmal überlegt und abgewogen werden, welche außergerichtlichen Möglichkeiten bestehen, um das von dem Mandanten gewünschte Ergebnis zu erwirken. Dabei kommt es natürlich ganz entscheidend darauf an, zu welchem Zeitpunkt die Mandatierung erfolgt. Zu beachten ist bei jedem Schritt, dass es sich bei dem Stadionverbot nicht um eine Sanktion handelt, sondern es einen präventiven Charakter hat, welcher für die Zukunft sicherheitsrelevante Störungen verhindern soll. Es gilt also bei jeder vorzunehmenden Handlung, die fehlende Gefahr für die Zukunft gegenüber dem Verein hervorzuheben. Der Fokus sollte nicht unbedingt auf der dem Stadionverbot zugrunde liegenden Handlung liegen und das muss auch immer wieder erläutert werden.

a) Schutzschrift an den Verein

In nahezu allen Fällen wird ein Stadionverbotsverfahren dennoch als Reaktion auf ein besonderes Ereignis oder Verhalten des Betroffenen eingeleitet. Ist es so, dass der Betroffene im Voraus schon dafür sensibilisiert wurde nach welchen Ereignissen Stadionverbotsverfahren zumeist eingeleitet werden, kann er rechtzeitig den Rat eines Juristen in Anspruch nehmen.

Noch bevor die das Stadionverbot nach sich ziehende Handlung bei dem Verein oder zumindest den Personen, die für die spätere Entscheidung zuständig sind, bekannt geworden ist, besteht die Chance in einer ausführlichen schriftlichen Stellungnahme das Ereignis und die Persönlichkeit des Betroffenen richtig darzustellen.

Diese Stellungnahme muss gem. § 3 Abs. 3 StVerRl in die Bewertung des Sachverhaltes mit einfließen. Dies wiederrum kann dazu führen, dass sich eine einzelne Aktion durch die ausführliche Gegendarstellung ganz anders darstellen lässt, als wenn nur der Bericht der Polizei oder des Ordnungsdienstes vorliegt. Auf diese Weise kann am effektivsten der Ausspruch eines Stadionverbotes verhindert werden, obwohl es zu einer Einleitung eines entsprechenden Stadionverbotsverfahrens gekommen ist. Die Gefahr, dass man evtl. „schlafende Hunde" weckt, indem man eine solche Schutzschrift verfasst, ist sehr gering, da die meisten Ereignisse früher oder später an den Verein weitergegeben werden und es dann wahrscheinlich zur Einleitung eines Stadionverbotsverfahrens kommt.

b) Anhörung beim Verein

Wird der Rechtsanwalt unmittelbar nach Aussprache eines Stadionverbotes mandatiert, besteht die Möglichkeit innerhalb von zwei Wochen nach Erhalt des Stadionverbotes gem. § 5 a Abs. 1 StVerRl auf das Stadionverbot zu reagieren. Dabei sollten dann die Gesichtspunkte, die aus Sicht des Betroffenen dafür sprechen, dass ein Stadionverbot nicht gerechtfertigt oder zumindest ein kürzeres Stadionverbot angemessen ist, sowie die Tatsachen welche zu der Einleitung des Stadionverbotsverfahrens geführt haben, aus eigener Sicht dargestellt werden.

Diese Stellungnahme ist von den Vereinsverantwortlichen zu berücksichtigen, auch wenn es nicht zwingend zu einem anderen Ergebnis führen muss. Insbesondere in Fällen von ungerechtfertigten Stadionverboten ist dies deutlich darzustellen, um für ein Einlenken zu sorgen.

Auch wenn es in der Richtlinie nicht vorgesehen ist, so kann es in Einzelfällen besonders sinnvoll sein, um ein persönliches Gespräch zu bitten. Dabei können evtl. die Vertreter der örtlichen Fanprojekte und die Fanbeauftragten gebeten werden, einem solchen Gespräch beizuwohnen. In einem persönlichen Gespräch hat der Betroffene die Chance, aus einer Akte ein Gesicht zu machen. So kann der Betroffene besser zeigen, dass von ihm in Zukunft keine Sicherheitsgefährdung ausgeht.

Diese Schritte sollten auch eingeleitet werden, wenn die in der StVerRl gesetzte Zwei-Wochen Frist schon abgelaufen ist. Ohne eine entsprechende Stellungnahme besteht keine Möglichkeit, dass der Verein eine andere Sicht der Dinge erhält.

c) Akteneinsicht bei der Staatsanwaltschaft

Auch wenn es sich bei der Betreuung eines Stadionverbotlers hauptsächlich um ein zivilrechtliches Mandat handelt, ist es unablässig in Fällen von
gleichzeitigen strafrechtlichen Ermittlungsverfahren, das Mandat auch auf
diesen Bereich zu erweitern.

Sobald ein Stadionverbot ausgesprochen wurde oder sonstige Tatsachen
dafür sprechen, dass ein Ermittlungsverfahren gegen den Mandanten
eingeleitet wurde, muss dieses Feld in die Beratung mit einbezogen
werden. Dabei ist die erste Aufgabe des Rechtsbeistandes, wie üblich in
einem derartigen Verfahren, Akteneinsicht zu beantragen, um zu wissen,
was dem Mandanten vorgeworfen wird und welche Beweismittel vorhanden sind. Da die Polizei diese Informationen auch an die Vereine weiter-
gibt, besteht auf diesem Wege Kenntnis darüber, welche Informationen
bei den Vereinen vorliegen. Worauf evtl. in weiteren Reaktionen gegenüber dem Verein und der Staatsanwaltschaft eingegangen werden kann
und diese dadurch evtl. entkräftet werden können.

d) Einwirkung auf das Ermittlungsverfahren

Die einfache Akteneinsicht reicht nicht aus, um das Stadionverbot zivilrechtlich wirksam zu bekämpfen. Dafür ist es notwendig, entsprechend auf
das Ermittlungsverfahren der Staatsanwaltschaft einzuwirken, um eine
Beendigung des Verfahrens zu erwirken.

Mit dem Nachweis gegenüber dem Verein, über die Einstellung des entsprechenden Ermittlungsverfahren gem. § 170 StPO oder dem rechtskräf-
tigen Freispruch, muss das Stadionverbot gem. § 6 StVerRl durch den
Verein aufgehoben werden. Daher spielt es eine entscheidende Rolle, wie
das Ermittlungsverfahren abläuft.

Ferner sollte man im Interesse des Mandanten darauf bedacht sein, auf
die Staatsanwaltschaft derart einzuwirken, dass es schnell zu einem
entsprechenden Ergebnis kommt, denn nach der geltenden StVerRl spielt
das Ermittlungsverfahren die entscheidende Rolle für den Bestand des
Stadionverbotes.

Bei den Einstellungswünschen der Staatsanwaltschaft muss bedacht werden, dass insbesondere Einstellungen gem. § 153 a lediglich dazu führen, dass ein Stadionverbot in seiner Dauer beschränkt werden kann. Daher empfiehlt sich ein entsprechender Hinweis an die Staatsanwaltschaft um derartige Einstellungen zu verhindern. Auch wenn die Einstellung auf den ersten Blick für das strafrechtliche Ermittlungsverfahren positiv ist, erschwert dies die Aufhebung des Stadionverbotes.

e) Zurückweisen des Stadionverbotes

Da es sich bei der Aussprache eines Stadionverbotes um ein einseitiges Rechtsgeschäft handelt, hat der Betroffene grundsätzlich gem. § 174 Satz 1 BGB die Möglichkeit, die Bevollmächtigung, welche in der Praxis nicht von allen Vereinen beigefügt wird, zurückzuweisen.

Mittlerweile ist es aber unstrittig, dass die durch den DFB auf seiner Homepage veröffentlichten Vollmachten dazu führen, dass der Betroffene ausreichend über die Bevollmächtigung in Kenntnis gesetzt wird und daher gem. § 174 Satz 2 BGB eine Zurückweisung ausgeschlossen ist.[232]

Dennoch besteht die Möglichkeit in besonderen Fällen die ausgesprochenen Stadionverbote mangels Vollmacht zurückzuweisen. Sollte zu erkennen sein, dass dem aussprechenden Verein Fehler hinsichtlich der Anwendung der StVerRl unterlaufen sind, würde es an der wirksamen Bevollmächtigung durch die anderen Vereine fehlen. Dabei ist unerheblich, ob die Fehler in tatsächlicher oder formeller Hinsicht erfolgten, denn die Vereine haben sich untereinander nur bevollmächtigt, in fremden Namen die Stadionverbote auszusprechen, wenn die StVerRl ordnungsgemäß eingehalten wird.

Die zurückgewiesene Vollmacht hat im Erfolgsfalle aber nur Einfluss auf die Stadionverbote der anderen Vereine. Das Stadionverbot in dem Stadion, des aussprechenden Vereins bleibt aufrechterhalten, weil es dazu keiner Vollmacht bedarf.

---

[232] Vgl. AG Frankfurt Urteil vom 17.8.2007, Az.: 30 C 1282/07; AG Dortmund Beschluss vom 10.3.2007, Az.: 405 C 11240/07; OLG Hamm Urteil vom 31.3.2008, Az.: 13 U 41/08; Orth/Schiffbauer, RW 2011, S. 186.

Entsprechende formelle oder materielle Fehler in der Anwendung der StVerRl werden aber nicht leicht festzustellen sein. Mittlerweile nutzen die Vereine Vorlagen, aus denen sich die notwendigen Informationen ergeben, aber nicht überprüft werden kann, ob die Verfahrensregelungen eingehalten wurden. Dennoch sollten die Anforderungen der StVerRl genau beachtet werden, denn auch wenn diese keine Anspruchsgrundlage für die Aussprache des Stadionverbotes ist, so hängt die notwendige Bevollmächtigung von der vollständigen Befolgung der StVerRl ab.

f) Antrag auf Aufhebung, Aussetzung oder Reduzierung

Unabhängig vom Zeitpunkt der Mandatierung oder dem Bestehen des Stadionverbotes, besteht zu jedem Zeitpunkt die Möglichkeit, mit Bekanntwerden neuer Tatsachen oder einfach nach Ablauf einer bestimmten Zeit die mehr oder weniger erfolgsversprechende Möglichkeit an die gem. § 7 Abs. 4 StVerRl zuständige Stelle ein entsprechendes Änderungsgesuch zu stellen.

Wie damit seitens der Vereine umgegangen wird und welche Erfolgsaussichten bestehen, ergibt sich aus den §§ 6, 7 StVerRl. Es sollte aber in jedem Fall ein Versuch unternommen werden, denn gem. § 7 Abs. 5 StVerRl ist für die weitere Entscheidung immer die prognostische Zukunftsbetrachtung erheblich und die kann sich auch durch einen einfachen Zeitablauf ändern.

Sinnvoller ist es natürlich solche Anträge zu stellen wenn besondere Umstände, die zeigen dass von der betroffenen Person keine Gefahr mehr ausgeht, hinzugetreten sind. Diese Gründe können unzählig sein, beispielhaft sind die Abkehr von einer gewaltbereiten Gruppe und das Mitwirken in sozialen Projekten zu nennen.

2. Gerichtliches Vorgehen

Nicht in jedem Fall kann durch das außergerichtliche Tätigwerden das Ziel des Mandanten erreicht werden. Sollte es so sein, dass aus der Sicht des Betroffenen, die Verhängung eines Stadionverbotes rechtswidrig ist und

der Verein dies anders sieht, bleibt nichts anderes übrig als die ordentlichen Gerichte darüber entscheiden zu lassen, ob dem Verein oder den
Vereinen ein Unterlassungsanspruch gegen den Betroffenen zusteht oder
nicht.

a) Abwägen der Erfolgsaussichten

Bevor man die gerichtliche Klärung einer Streitigkeit betreibt, sollten die
Erfolgsaussichten einer entsprechenden Klage gründlich betrachtet und
abgewogen werden. Dabei sind die in den Stadionverbotsfällen besonders
deutlich auftretenden erheblichen Unterschiede zwischen der öffentlichen
Wahrnehmung und der eigentlichen Gesetzeslage zu berücksichtigen und
dem Mandanten deutlich zu machen.

Ferner ist zu berücksichtigen, dass ob des BGH Urteils viele Juristen davon
ausgehen, dass sowohl die Möglichkeit des Stadionverbotes, als auch die
StVerRl an sich und die Kundgabe der Bevollmächtigung, unproblematisch
und rechtmäßig sind.

Es wird einer enormen argumentativen Anstrengung bedürfen, die Gerichte davon zu überzeugen, sich nicht blind den Regelungen der StVerRl zu
unterwerfen, sondern die eigenen gesetzlichen Maßstäbe anzuwenden und
diese möglichst eng auszulegen.

Damit sind in den meisten Fällen nur die konkreten Tatsachen relevant,
um zu entscheiden, ob ein Stadionverbot wirksam ausgesprochen werden
konnte oder ob ein willkürlicher Ausschluss des Betroffenen vorliegt.
Zunächst ist daher zu prüfen, ob die unstrittig vorliegenden Tatsachen
darauf schließen lassen, dass in Zukunft eine Sicherheitsgefährdung durch
den Betroffenen droht.[233]

Der Verein ist, was die Sicherheitsgefährdung betrifft, darlegungs- und
beweisbelastet.[234] Dies erhöht die Chancen eines Rechtsmittels gegen
diese Prognose deutlich, wobei zu beachten ist, dass die Anforderungen an

---

[233] Vgl. BGH, NJW 2010, S. 536; Breucker, JR 2005, S. 138; Orth/Schiffbauer, RW 2011, S. 199; Klesczewski, JZ 5/2010, S. 253.

[234] Vgl. Vieweg/Werner, Sachenrecht, § 9 Rn 11; Palandt, Bassenge § 1004, Rn. 52; BGH NJW 1994, 189; Gietl, JR 2010, S. 51.

die potentielle Sicherheitsgefährdung nicht zu hoch sind.[235] Ausreichend ist, dass Tatsachen vorliegen die geeignet sind, eine entsprechende Gefährdung zu vermuten.[236] Dies erschwert die zuverlässige Abwägung über die Erfolgsaussichten ungemein. Letztendlich ist es eine Einzelfallentscheidung des Gerichtes, welche nur in eindeutigen Fällen sicher zu prognostizieren ist, der man sich mit ein wenig Menschenverstand annähern kann, wenn man sich in Zweifelsfällen für die vermeintliche Sicherheit entscheidet.

Wenn ein Stadionverbot nicht aufgrund von Gewalttätigkeiten oder entsprechenden Verfehlungen ausgesprochen wurde, besteht eine deutlich größere Chance, sich dahingehend zu verteidigen, dass derartige atypische Verstöße keinen Hinweis auf die zukünftige Sicherheitsbeeinträchtigung erlauben. Ohne die konkrete Verfehlung, welche eine tatsächliche Widerholungsgefahr vermuten lässt, ist der aussprechende Verein verpflichtet anhand von ausreichenden objektiven Tatsachen die Erstbegehungsgefahr darzulegen und zu beweisen.

Sollten die Tatsachen, welche die zukünftige Sicherheitsgefährdung begründen, umstritten sein, liegt natürlich auch hier die Beweis- und Darlegungslast bei den Vereinen.[237]

Eine weitere Möglichkeit, das Stadionverbot zumindest zum Teil zu bekämpfen, ist das oben angesprochene Zurückweisen der ordnungsgemäßen Bevollmächtigung, die im Streitfall ebenfalls gerichtlich überprüft werden kann.

b) Richtiger Beklagter

Setzt man sich gerichtlich gegen das erteilte Stadionverbot zur Wehr, ist zu überlegen, wer der richtige Beklagte für sein Begehren ist. Soll das bundesweit geltende Stadionverbot insgesamt aufgehoben werden oder reicht die Aufhebung für ein bestimmtes Stadion? An dieser Stelle ist

---

[235] Vgl. BGH, NJW 2010, S. 536; Breucker, SpuRt 4/2005, S. 137; Breucker, JR 2005, S. 136.

[236] Vgl. BGH, NJW 2010, S. 536; Breucker, JR 2005, S. 135; Marzahn, ZJS 3/2010, S. 430; Walker, Bundesweite Stadionverbote auf dem Prüfstand, S. 495.

[237] Vgl. Vieweg/Werner, Sachenrecht, § 9 Rn 11; Palandt, Bassenge § 1004, Rn. 52; BGH NJW 1994, 189; Gietl, JR 2010, S. 51.

davon auszugehen, dass zumeist eine vollständige Aufhebung eines ausgesprochenen Stadionverbotes gewünscht wird und alles weitere lediglich hilfsweise verfolgt wird.

Theoretisch kann die Klage einzeln gegen jeden Verein, der unter die Anwendung der StVerRl fällt, erhoben werden. Sinn macht dies nur dann, wenn der Verein, als Vertreter der anderen Vereine verklagt wird. Da die Vereine für die die StVerRl Bindung entfaltet, zusammen eine GbR bilden,[238] kann jedes Mitglied im Namen aller verklagt werden. Aber dennoch ist diese Variante nicht sinnvoll, denn jeder Verein kann mangels gesamter Zuständigkeit nur sein lokales Stadionverbot aufheben, sonst setzt er sich in Konflikt zur StVerRl, weil er dazu verbandsrechtlich gar nicht ermächtigt ist.

Das bedeutet nicht, dass eine Aufhebung nicht möglich ist, diese ist aber nur durch eine gerichtliche Entscheidung herbeizuführen. Einer solchen Entscheidung müsste sich ein Verein beugen, da ein gerichtliches Urteil natürlich vor dem Verbandsinnenrecht zu befolgen ist. Eine vergleichsweise Aufhebung eines Stadionverbotes in einem Prozess erscheint damit mangels Berechtigung unmöglich.

Daher ist der Weg, den aussprechenden Verein als Beklagten zu wählen zielführender, da er auch die Berechtigung hat im Namen der anderen ein bundesweites Stadionverbot zu verkürzen oder gar aufzuheben. Er kann dazu auch gerichtlich verpflichtet werden.

c) Zuständiges Gericht

Eine wichtige Voraussetzung für die Zulässigkeit der Klage ist zum einen, dass das sachlich und örtlich zuständige Gericht angerufen werden muss. Da es sich um eine zivilrechtliche Streitigkeit handelt, sind die ordentlichen Gerichte anzurufen. Vorliegend wird wohl gem. § 23 GVG das Amtsgericht zuständig sein, da ein nicht konkret zu beziffernder Streitwert geschätzt werden muss.[239] Dies wird aber in der Regel unter der 5.000

---

[238] Vgl. LG Paderborn, Urteil vom 25.01.2008, Az.: 2 O 10/08.
[239] Vgl. Musielak, ZPO, Heinrich § 3 Rn. 1.

Euro Grenze liegen.[240] Bis jetzt sind zumindest keine Fälle bekannt, in denen ein anderer Streitwert zugrunde gelegt wurde.

Örtlich ist in jedem Fall gem. § 17 ZPO das Amtsgericht am Sitz des Beklagten zuständig. Bei vorliegen einer Unerlaubten Handlung kann auch über § 32 ZPO, das Gericht am Ort der unerlaubten Handlung zuständig sein.[241] Dies führt dann dazu, dass jedes Amtsgericht, in dessen Bereich sich ein Stadion befindet, in dem auch das Stadionverbot gilt, örtlich zuständig ist. Denn sollte sich das Stadionverbot als unwirksam herausstellen, liegt in dem verweigerten Zutritt ein Verstoß gegen Grundrechte und somit eine unerlaubte Handlung vor. Dieser Kniff ermöglicht es, die Klage vor einem örtlich näher gelegenen Amtsgericht durchzuführen, was im Interesse des Betroffenen liegen könnte. Dies bedarf aber der entsprechenden Begründung, da es über den allgemeinen Gerichtsstand hinausgeht.

d) Richtige Klageart – einstweiliger Rechtsschutz

Die Frage ist, mit welcher Klageart gegen ein ausgesprochenes Stadionverbot vorgegangen werden kann. Dies richtet sich nach dem Klageziel, welches in der Regel sein wird, dass der Betroffene wieder in die Stadien darf. Dafür bedarf es einer Aufhebung des bereits erfolgten und damit wirksamen Stadionverbotes.

Vorzugswürdig erscheint daher der Weg über die allgemeine Leistungsklage die Aufhebung zu beantragen und nicht lediglich die Feststellung der Unwirksamkeit des Stadionverbotes festzustellen. Die Feststellung alleine ermöglicht aber noch nicht den zukünftigen Zutritt zu den Stadien. Wobei die Feststellungsklage insbesondere bei bereits beendeten Stadionverboten eine nachträgliche Möglichkeit darstellt, zu zeigen, dass das Stadionverbot ungerechtfertigt war, um so noch weitere Nachteile abzuwenden.

Als Klageantrag kommt in Betracht, dass der Beklagte Verein verpflichtet wird, das ausgesprochene Stadionverbot auch im Namen der anderen

---

[240] Vgl. AG Duisburg, Urteil vom 13.03.2008, Az.: 73 C 1565/07; AG Frankfurt, Urteil vom 17.08.2007, Az.: 1282/07.
[241] Vgl. LG Paderborn, Urteil vom 25.01.2008, Az.: 2 O 10/08.

Vereine aufzuheben. Als weitere Möglichkeit besteht die Chance über einen Hilfsantrag zu beantragen, dass der Beklagte zumindest das ausgesprochene Stadionverbot für die anderen Vereine aufheben muss. Dies wäre dann der Fall, wenn die Voraussetzungen für die Aussprache in deren Namen nicht vorlagen. Dies kann geschehen, auch wenn daneben die Voraussetzungen für ein lokales Stadionverbot weiter vorliegen.

In Fällen, in denen eine besonders schnelle Reaktion auf das Stadionverbot möglich ist und der nächste Stadionbesuch unmittelbar bevorsteht, gibt es die Möglichkeit, im Wege des einstweiligen Rechtsschutzes gem. §§ 935 ff. ZPO, eine einstweilige Verfügung zu beantragen. Bei der Aufhebung des Stadionverbotes handelt es sich um eine Leistungsverfügung. Die Regelung, die eine vollständige Befriedigung des Gläubigers bewirkt, ist auch im Wege des einstweiligen Rechtsschutzes möglich.[242]

Erforderlich dafür ist es, dass ansonsten wesentliche Nachteile drohen und eine gewisse Eilbedürftigkeit gegeben ist. Gerade diese beiden Voraussetzungen stellen aber einen großen Unsicherheitsfaktor dar. Auch wenn der Eingriff in Persönlichkeitsrechte unter den Schutzzweck des einstweiligen Rechtsschutzes fällt,[243] kann ein Gericht mit guten Argumenten davon ausgehen, dass ein verhinderter Besuch eines Stadions keinen wesentlichen Nachteil, der auf einer Stufe mit drohender Gewalt steht, darstellt.

Die Eilbedürftigkeit kann mit den fast wöchentlich stattfindenden Spielen und der damit einhergehenden kurzfristigen und ständig widerkehrenden Beeinträchtigung angenommen werden.[244] Allerdings nur dann, wenn noch kein Spiel verpasst wurde, daher muss es für diesen Antrag zu einer sehr schnellen und sofortigen Mandatierung und Antragstellung kommen.

---

[242] Vgl. Vorwerk/Wolf, Mayer § 935, Rn. 8.
[243] Vgl. Vorwerk/Wolf, Mayer § 935, Rn. 9.
[244] Vgl. LG Paderborn, Urteil vom 25.01.2008, Az.: 2 O 10/08.

II. Zusätzliche Beratungshinweise

Im Wege der umfänglichen anwaltlichen Beratung ist es wichtig, zu zeigen, dass man nicht nur die konkrete Erteilung des Stadionverbotes im Blickfeld hat, sondern sich auch des weiteren Umfeldes bewusst ist.

1. Kosten

Neben den allgemeinen Möglichkeiten für sozial schwache Betroffene, sich bei der Rechtsberatung durch den Staat im Wege der Beratungshilfe gem. § 44 RVG und der Prozesskostenhilfe gem. §§ 114 f. ZPO unterstützen zu lassen, gibt es in Stadionverbotsfällen die Chance, sich an den Fanrechtefonds zu wenden.

Dieser Fonds, dient gem. § 2 der Satzung des Fonds der Unterstützung von Fans, denen seitens der Polizei oder seitens der Vereine Unrecht widerfahren ist.[245] Insbesondere sollen gem. § 2 Abs. 3 der Satzung grundsätzlich relevante Problemfälle unterstützt und betrieben werden, so dass eine soziale Bedürftigkeit für die Unterstützung nicht notwendig ist.

Der Kassenrat des Fanrechtefonds entscheidet anhand der Satzung und der vorgelegten Informationen, ob eine Unterstützung möglich ist.[246] Beispielhaft wird das Verfahren über Stadionverbote, welches durch den BGH entschieden wurde und jetzt vor dem Verfassungsgericht verhandelt wird, ebenfalls durch den Fanrechtefonds unterstützt.[247]

Es kann daher sinnvoll sein, den Fanrechtefonds um Unterstützung hinsichtlich der Kosten zu bitten.

2. Gewalttäter Sport

Die Eintragung in diverse Listen wie die Zentralverwaltung des DFB und die Eintragung in die Datei Gewalttäter Sport, dürfen gerade aufgrund ihrer zum Teil erheblichen Konsequenzen nicht außen vor gelassen werden.

---

[245] Vgl. Fanrechtefonds, Satzung.
[246] Vgl. Fanrechtefonds, Satzung.
[247] Vgl. Fanrechtefonds, Pressemitteilung vom 17.12.2009.

Daher sollte unabhängig von der Frage ob das Stadionverbot wirksam erteilt worden ist oder der Ausspruch eines Stadionverbotes verhindert werden konnte, überprüft werden, welche Daten der DFB und die ZIS gespeichert haben. Gem. § 19 BDSG für die Datei Gewalttäter Sport und gem. § 34 BDSG für die Liste des DFB kann von den zuständigen Stellen Auskunft über die vorhandenen Daten verlangt werden.

Sollte eine Eintragung vorliegen und diese den Datenschutzrechtlichen Bestimmungen widersprechen, gibt es für beide Listen entsprechende Anträge auf Löschung der Daten aus den entsprechenden Listen. Dies ist von großer Bedeutung und sollte im Interesse des Mandanten in jedem Fall versucht werden. Im Interesse der Mandanten sollte dies sogar auch in Fällen, in denen die Eintragung nur evtl. nicht den datenschutzrechtlichen Bestimmungen entspricht, versucht werden.

Der Löschungsanspruch aus der Liste des DFB folgt den Regelungen in § 35 BDSG. Die Löschung aus der Datei Gewalttäter Sport erfolgt bei Erwachsenen automatisch nach fünf Jahren, eine vorherige Entfernung richtet sich nach § 20 BDSG.

III.   Präventive Arbeit

Unabhängig von der nachträglichen Beratung, bietet sich für den örtlich agierenden Rechtsanwalt die sinnvolle Möglichkeit, durch präventive Aufklärungsarbeit zu zeigen, dass er über die entsprechende Sachkompetenz verfügt. Ferner kann er durch entsprechende Hinweise und Verhaltenstipps dafür sorgen, dass in etwaig relevanten Fällen die entsprechenden Schritte und Aussagen richtig erfolgen. Dadurch könnte seine spätere Tätigkeit besser vorbereitet werden und somit erfolgsversprechender sein. Beispielhaft könnte der hinreichend informierte Rechtsanwalt über Vorträge oder Infoflyer darüber aufklären, wie sich Betroffene in Fällen von Abgabe ihrer Personalien an staatliche Stellen oder den Ordnungsdienst verhalten sollten. Welche Schritte kann und muss ich noch vor Ort als Betroffener einleiten? In welchen Situationen droht ein Stadionverbot? Welches sonstige Verhalten kann ein Stadionverbot nach sich ziehen?

Natürlich aber auch, welche individuellen Möglichkeiten gibt es, mit dem aussprechenden Verein in Kontakt zu treten, um evtl. eine Verkürzung oder Aussetzung des Stadionverbotes zu erwirken?

Es gibt also vielfältige Möglichkeiten sich in diesem Bereich als Rechtsanwalt zu engagieren. Wegen der nicht einfachen Materie und der manchmal besonderen Mandantschaft, sollte man es sich aber genau überlegen, ob man sich in diese Richtung spezialisieren möchte.

D. Schlussbetrachtung

Die Betrachtung des zivilrechtlichen Instruments des Stadionverbotes hat einiges bisher wenig Beachtetes gezeigt und zum Teil Bekanntes noch einmal systematisch aufgearbeitet. Mit dem bereits seit langem bestehenden und immer wieder modifizierten Instrument des Stadionverbotes haben Vereine und Verbände ein mittlerweile viel beachtetes und genutztes Instrumentarium geschaffen, um neben den hoheitlichen Gewaltpräventionsmaßnahmen eigene Mittel der Gewaltbekämpfung zur Verfügung zu haben, denn Gewaltprävention und Sicherheitsprävention sind nicht nur Aufgabe des Staates. Die Gewaltprävention kann am besten erfolgen, wenn sich alle Beteiligten dieser Verantwortung gemeinsam stellen.

Durch die Möglichkeit bundesweite Stadionverbote auszusprechen, haben die Vereine basierend auf dem zivilrechtlichen Unterlassungsanspruch ein sehr weitreichendes und einschneidendes präventives Mittel geschaffen. Insbesondere um auch der als Veranstalter bestehenden Verkehrssicherungspflicht gerecht zu werden und für den möglichst gefahrlosen Ablauf der Spiele zu sorgen, ist dieses Instrument zur Gewalteindämmung neben den staatlichen Mitteln auch sinnvoll und notwendig.

Die vorliegende Untersuchung hat gezeigt, dass das Thema Stadionverbot sehr komplex ist. Auch gibt es trotz der unstrittigen Sinnhaftigkeit einige tatsächliche und juristische Problempunkte.

Diese gehen weit über das Zivilrecht hinaus. Die Verknüpfungen mit anderen Rechtsgebieten, die jeweils in der konkreten Umsetzung oder der StVerRl zum Vorschein kommen, machen für die umfängliche Betrachtung auch ein Blick ins Straf-, Strafprozess- und Polizeirecht notwendig.

Neben der kurzen historischen Betrachtung des Instrumentes Stadionverbot und der Entstehungsgeschichte der StVerRl, wurde die rechtliche Grundlage dezidiert beleuchtet. Nach der Feststellung, dass die StVerRl keine wirksame Anspruchsgrundlage gegenüber jedermann darstellt, wurde ausführlich die eigentliche Anspruchsgrundlage, welche auf dem zivilrechtlichen Hausrecht basiert, herausgearbeitet. Da sich viele Probleme erst in der tatsächlichen Anwendung der StVerRl zeigen und dies auch für den täglichen juristischen Umgang mit der StVerRl erheblich ist, wurden neben der Schilderung der Stadionverbotspraxis die entsprechenden tatsächlichen Problempunkte herausgearbeitet und besprochen. Anschließend wurden einige Hinweise für die Bearbeitung von Stadionverbotsmandaten aus anwaltlicher Praxis aufgezeigt.

Es hat sich gezeigt, dass die Regelungen der StVerRl eine rechtswidrige Privatstrafe darstellen. Zwar wird in der Definition des Stadionverbotes eindeutig auf die zivilrechtliche präventive Absicht des Stadionverbotes Bezug genommen, doch zeigt die weitere Formulierung und Ausrichtung der StVerRl eindeutig, dass nicht der präventive Schutz der zukünftigen Veranstaltungen im Vordergrund der Regelungen steht, sondern die Bestrafung der zurückliegenden Tat. Gerade diese Gesamtbetrachtung der StVerRl führt zu dem Ergebnis, dass die Regelungen schwerpunktmäßig den Betroffenen *zur Strafe* seines vergangenen Verhaltens, vom weiteren Besuch ausschließt. Eine derartige Regelung stellt, wenn sie auf einen unbestimmten Personenkreis anwendbar ist, eine verfassungswidrige Privatstrafe dar.

Unabhängig von der verfassungsrechtlichen Bewertung der StVerRl hat die Betrachtung gezeigt, dass die StVerRl nicht als Anspruchsgrundlage durch die Vereine und Verbände für die Aussprache eines Stadionverbotes gegenüber jedermann genutzt werden kann.

Die StVerRl ist eine verbandsinterne Ordnung, welche unmittelbare Wirkung nur gegenüber den Personen oder Institutionen, die in dem Verein organisiert sind entfalten kann. In einem Rechtsstaat ist es ausgeschlossen, dass eine interne Regelung verbindliche Außenwirkung für jedermann entfaltet. Die Gesetzgebungskompetenz ist einzig und alleine den dafür gewählten Parlamenten übertragen. Dies führt dazu, dass ein Stadionverbot auf einer wirksamen allgemeinverbindlichen Anspruchsgrundlage basieren muss. Liegt diese vor, stellt der Rückgriff auf einen zivilrechtlichen Anspruch keine Strafe im Rechtssinne dar, auch wenn dies in den meisten Fällen so empfunden wird, und es liegt keine unwirksame Privatstrafe vor.

Die StVerRl selbst stützt das in ihr geregelte Stadionverbot daher auf das zivilrechtliche Hausrecht. Da das Hausrecht aber keine eigene Anspruchsgrundlage darstellt, werden die zivilrechtlichen Unterlassungsansprüche gem. § 862 BGB und § 1004 BGB als Konkretisierung des Hausrechts herangezogen. Dabei ist je nach Eigentums- oder Besitzlage des Grundstückes, welches nicht mehr betreten werden darf, eine eigene Anspruchsgrundlage anzuwenden. Diese verschiedenen Anspruchsgrundlagen haben fast gleichlautende Tatbestandsvoraussetzungen. Da die Vereine meist nur noch berechtigte Besitzer der Stadien sind, wird in den meisten Fällen, der besitzrechtliche quasi-negatorische Unterlassungsanspruch gem. § 1004 BGB analog als zivilrechtliche Anspruchsgrundlage herangezogen.

Wie der BGH auch bestätigt hat, ist der Tatbestand des Unterlassungsanspruches erfüllt, wenn aufgrund objektiver Tatsachen die Gefahr besteht, dass die betroffene Person bei einer zukünftigen Veranstaltung sicherheitsgefährdend in Erscheinung tritt. In diesen Fällen besteht gegen den potentiellen Störer ein Anspruch, der darauf gerichtet ist, dass der Betroffene verpflichtet ist, das zukünftige Betreten der Stadiongelände zu unterlassen.

Wenn konsequent beachtet wird, dass die StVerRl lediglich für die Bevollmächtigung und die einheitliche Aussprache eines Stadionverbotes oder eines bundesweiten Stadionverbotes seitens der Vereine herangezogen werden kann, stellen zwangsläufig auch die Regelungen hinsichtlich des notwendigen sachlichen Grundes und des Aufhebungsgrundes keine zwingend bindenden Maßstäbe dar.

Dies führt dazu, dass die zum Teil sehr emotional geführten Diskussionen um die Verstöße gegen die verfassungsmäßig garantierten Rechtsstaatsprinzipien, wie die Umgehung des rechtlichen Gehörs, die Verletzung der Unschuldsvermutung oder die Verletzung des fairen Verfahrens, zwar die öffentliche Wahrnehmung beschreiben, aber im Kern an der eigentlichen juristischen Anspruchsgrundlage vorbeigehen. Für die wirksame Aussprache und die angemessene Dauer des Unterlassungsanspruches ist es rechtstheoretisch unerheblich, was die StVerRl dazu aussagt.

Die komplett konträr verlaufende öffentliche Wahrnehmung zeigt deutlich, dass die StVerRl als bestrafende Norm mit allgemeingültigem Charakter wahrgenommen wird – und das wohl nicht nur auf Seiten der Fans, sondern zuweilen auch auf Seiten der der anwendenden Vereine.

In der Praxis halten sich die meisten Vereine in erster Linie an die Regelungen der StVerRl. Dies wird dann juristisch relevant und entscheidend, wenn ein ausgesprochenes Stadionverbot den Anforderungen der StVerRl entspricht, aber die Voraussetzungen der gesetzlichen Anspruchsgrundlagen nicht erfüllt.

In der Öffentlichkeit wird zudem oft kritisiert, dass faktisch die Polizei die Stadionverbote ausspricht und somit dazu beiträgt, dass die Anwendung der StVerRl einem bestrafenden hoheitlichen Akt gleichkommt. Aber auch diese Ansicht lässt sich bei ausführlicher juristischer Bewertung entkräften. Das Einwirken der Polizei durch die Weitergabe der Informationen über sicherheitsrelevantes Auftreten bestimmter Personen ist durch Ermächtigungsnormen gedeckt. Die auf der Weitergabe der Informationen beruhende Aussprache der Stadionverbote durch die Vereine oder Verbände ist bei notwendigem Vorliegen der Anspruchsvoraussetzungen juristisch unproblematisch.

Dennoch sollten sich öffentliche Stellen bei der Bekämpfung von Gewaltexzessen und der Erhaltung der notwendigen Sicherheit nicht zu sehr auf das privatrechtliche Instrument des Stadionverbotes verlassen.

Unter Anwendung der gesetzlich geregelten Instrumente der Polizei ist es dieser auch ohne standardisierte bundesweite Stadionverbote möglich, die erforderliche Sicherheit der Besucher von Fußballgroßveranstaltungen zu gewährleisten. Beispielhaft sind noch einmal die der Polizei zur Verfügung stehenden Möglichkeiten der Gefährderansprache, des Platzverweises, der Gewahrsamnahme sowie die konsequente Verfolgung des strafrechtlich relevanten Verhaltens zu nennen.

Mit diesen Mitteln kann die Polizei dieselben Effekte erreichen wie das zivilrechtliche Stadionverbot. Daher sollte die Polizei diese Handlungsalternativen nicht vernachlässigen. Die bestehenden Möglichkeiten der Polizei führen aber nicht dazu, dass die Polizei nicht auch unterstützend bei den zivilrechtlichen Gewaltpräventionsmaßnahmen, wie dem Stadionverbot mitwirken darf.

Bei dem Einsatz aller Mittel, die dazu führen sollen, den Fußball als Kulturgut für alle zu erhalten, darf kein Über-, aber auch kein Untermaß angewandt werden. Vielmehr muss ein vernünftiges Augenmaß angewandt werden. Dafür unerlässlich ist es, sich in Bezug auf bundesweite Stadionverbote immer den Einzelfall vor Augen zu führen und zu bewerten.

Dabei sollten nicht nur formal juristische Gesichtspunkte eine Rolle spielen. Vielmehr sollte allen Akteure, insbesondere den Vereinen und Verbänden, bewusst sein, dass ihnen auch eine gesellschaftspolitische Verantwortung obliegt. Nicht immer ist das juristisch Mögliche auch das tatsächlich Sinnvolle.

Es ist zwar hilfreich, dass mit der StVerRl ein Instrument vorliegt, welches die Aussprache und das Verfahren von Stadionverboten vereinheitlichen soll, die Anwendung kann aber nur in Maßen angebracht sein. Gerade bei den oft jungen Betroffenen kommt es vor, dass die Aussprache eines Stadionverbotes juristisch möglich, aber tatsächlich vielleicht nicht zielführend ist.

Entscheidend für die Aussprache eines Stadionverbotes ist die gesetzliche Tatbestandsvoraussetzung der Prognoseentscheidung. Geht zukünftig von dem Betroffenen eine Sicherheitsbeeinträchtigung aus, ist ein Ausschluss gerechtfertigt. Dies kann aber zuverlässig nur dann beantwortet werden, wenn die Person individuell betrachtet wird und nicht lediglich die festgestellten Tatsachen herangezogen werden. Erst recht muss dies gelten, wenn die Vereine, wie es die StVerRl zurzeit zulässt, sich lediglich auf die Einleitung eines Ermittlungsverfahrens als Grundlage für die Bewertung stützen.

Es ist die Aufgabe von Juristen und Fanvertretungen dafür zu sorgen, dass die Vereine und Verbände die präventiven Gesichtspunkte in den Vordergrund ihres Handelns stellen. Dies muss dann auch nach außen hin überprüfbar kundgetan werden.

Eine Möglichkeit zu zeigen, dass ein Verein sich dezidiert mit dem Einzelfall beschäftigt hat und bei der Bewertung der Person immer der präventive Sicherheitsgedanke im Vordergrund stand, liegt darin, dass der Verein eine ausführliche Gefahrprognose gegenüber dem Betroffenen abgibt und nicht lediglich aufführt welche Verfehlung er begangen hat. Dies würde den Vereinen mehr Arbeit bereiten, da diese Überlegungen aber idealtypisch angestellt wurden, um den gesetzlichen Unterlassungsanspruch festzustellen, müssen diese Überlegungen nur noch zu Papier gebracht werden.

Durch die intensivere Betrachtung der Person und gezielte Erstellung einer Gefahrprognose erhöht sich die Wahrscheinlichkeit, die Aussprache von willkürlichen und rechtswidrigen Stadionverboten zu verhindern. Stadionverbotler könnten nur noch selten darstellen, dass ihnen durch das Stadionverbot Unrecht widerfahren ist und sie willkürlich ausgeschlossen werden sollen.

Dadurch würde das bundesweite Stadionverbot deutlich an Akzeptanz gewinnen und die größten Kritikpunkte ausschließen. Dies hätte die Auswirkung, dass die Solidarisierungseffekte mit den mit einem Stadionverbot belegten Personen deutlich reduziert werden und eine echte Distanzierung innerhalb der Fan-Gruppen stattfinden würde.

Unter Beachtung der Historie des Fußballs und der gesellschaftlichen Verantwortung und vor dem Hintergrund, dass der Fußball sich als Schmelztiegel der Gesellschaft sieht, sollte bei Erstellung der Gefahrenprognose darauf geachtet werden, dass nicht jeder kleine Verdacht ausreichen sollte eine entsprechende Aussperrung zu rechtfertigen. Da in den Fanszenen teilweise der Eindruck vorherrscht, dass das Instrument Stadionverbot dazu genutzt wird, unliebsame und kritische Fangruppen auszuschließen und mundtot zu machen, sollte besonders darauf geachtet werden, dass dieses Mittel nicht genutzt wird um die betroffenen Personen oder Gruppen durch Sanktionen zu einem rechtstreuen Verhalten zu bringen. Die einzige Instanz, die in unserer Gesellschaft derartige Auffälligkeiten bestrafen kann und soll ist der Staat und nicht die Fußballvereine.

Die Fußballvereine und Verbände sollten gezielt mit Hilfe von unterschied-lichsten präventiven Maßnahmen dafür sorgen, ihre Fans zu rechtstreuem Verhalten anzuleiten, ohne dabei alle gleich zu schalten oder Sicherheits-gesichtspunkte außen vor zu lassen.

Zu diesen präventiven Mitteln gehört neben der sozialpädagogischen Fan-Arbeit auch die gesamte Fanbetreuung. Die Fans wollen beteiligt und ernstgenommen werden, sie sehen sich nicht lediglich als kleinen Teil des Ganzen, sondern als einen der wichtigsten Teile, wenn nicht den wichtigs-ten Teil überhaupt im Fußballsport. Werden sie seitens der Vereine und Verbände ernstgenommen, wird ihnen ein erhebliches Frust- und Konflikt-potential genommen.

Ein weiteres, viel zu selten beachtetes präventives Instrument, ist die abschreckende Wirkung der konsequenten Durchführung von zivilrechtli-chen Regressverfahren bei bereits schädigend Aufgetretenen. Dadurch, dass anderen potentiellen Gewalttätern und Störern gezeigt wird, welche erheblichen finanziellen Konsequenzen ihr Handeln hat, wird deutlich gemacht, dass sich derartiges Verhalten nicht lohnt.

Neben den diversen Handlungsmöglichkeiten abseits der StVerRl sollte diese an einigen Stellen dahingehend modifiziert werden. Ziel müsste sein, dass jeder Grund und jede Folge aus der StVerRl auch gleichzeitig den gesetzlichen Voraussetzungen entspricht. Dies würde der praktischen Umsetzung gerecht und würde unbegründete Stadionverbote verhindern, da die Vereine wohl in erheblichem Maße die StVerRl ihrem Handeln zugrunde legen.

Zudem sollte aus der gesamten StVerRl deutlich zu erkennen sein, dass es sich um ein präventives Mittel der Gewaltprävention handelt. Dies darf nicht nur in der Definition als Absichtserklärung ohne Nährwert zu erken-nen sein.

Zwingend notwendig ist eine Klarstellung im Bereich der eingeleiteten Ermittlungsverfahren. Es muss zu erkennen sein, dass allein die Einleitung eines Ermittlungsverfahrens nicht ausreichend ist, um einen sachlichen Grund für die Aussprache anzunehmen.

Auch muss die Eingrenzung des Zusammenhanges mit dem Fußballsport enger gefasst werden um den gesetzlichen Anspruchsgrundlagen zu entsprechen. Die Formulierung in § 4 Abs. 1 StVerRl und der Definition in § 1 Abs. 1 StVerRl sollte lauten: „(…) im *direkten* Zusammenhang mit dem Fußball (…)". Dadurch wäre jedes Ereignis, welches unter die StVerRl zu subsumieren ist, auch gleichzeitig von der gesetzlichen Anspruchsgrundlage abgedeckt.

Die ausgeweitete präventive Fanarbeit, die konsequente strafrechtliche und zivilrechtliche Verfolgung von begangenem Unrecht und insbesondere die vorgeschlagene Modifizierung der StVerRl, würde im Interesse aller Beteiligten dazu führen, dass das notwendige und juristisch mögliche Instrument des zivilrechtlichen Stadionverbotes die Sicherheit in deutschen Stadien zu verbessern hilft. Das Stadionverbot könnte durch die größere Akzeptanz als ein großes Puzzlestück bei der Bekämpfung von ungewollten Gewaltexzessen noch deutlich mehr dazu beitragen, dass alle Fußballfans in friedlicher, aber spannender und echter Atmosphäre die Spiele genießen können.

Literaturverzeichnis

Amelung, Knut	Bemerkungen zum Schutz des „befriedeten Besitztums" in § 123 StGB Neue Juristische Wochenzeitschrift 1986 (zitiert als: Amelung, NJW 86, S. .)
Baghira, Paul	Stadionverbote: Fan-Demo in Mainz Stadionwelt Magazin 2005 Heft 3 Hrsg. Krämer Thomas (zitiert als: Baghira, Stadionwelt 2005, S. .)
Bamberger, Heinz Georg/ Roth, Herbert	Beck'scher Online-Kommentar BGB Hrsg. Bamberger/Roth München Edition: 20 Stand: 01. März 2011 (zitiert als: Bamberger/Roth, Verfasser, § Rn. .)
Bauer, Fritz Stürner, Jürgen F.	Sachenrecht 18. Auflage München 2009 (Zitiert als: Bauer/Stürner, Sachenrecht, § 12 Rn. .)
Blickfang Ultra	Ausgesperrt – Wie Stadionverbot das Leben verändert! Anonymer Autor Blickfang Ultra 2008 Heft 6 (zitiert als: Blickfang Ultra 2008/6, Ausgesperrt, S. .)
Brauer, Marcus	Foulspiel auf den Rängen Prävention von Gewalt in der Fußballfanszene Hamburg 2010 (zitiert als: Brauer, Foulspiel auf den Rängen, S. .)
Brehm, Wolfgang Berger, Christian	Sachenrecht 2. Auflage Köln u.a. 2006 (zitiert als: Brehm/Berger, Sachenrecht, § Rn. .)

Breucker, Marius	Zulässigkeit von Stadionverboten Juristische Rundschau 2005 (zitiert als: Breucker, JR 2005, S. .)
Breucker, Marius	Anmerkung zu BGH Urteil vom 30.10.2009 Zeitschrift für Sport und Recht 2010 Heft 1 (zitiert als: Breucker, SpuRt 1/2010, S. .)
Breucker, Marius	Sicherheitsmaßnahmen für die Fußballwelt- meisterschaft 2006* Prävention durch Polizei und Deutschen Fußball Bund Neue Juristische Wochenzeitschrift 2006 (zitiert als: Breucker, NJW 2006, S. .)
Breucker, Marius	Sicherheit bei der Fußballweltmeisterschaft 2006 Zeitschrift für Sport und Recht 2005 Heft 4 (zitiert als: Breucker, SpuRt 4/2005, S. .)
Breucker, Marius	„Spielfeld-Flitzer" – und wie sie ausgebremst werden Zeitschrift für Sport und Recht 2005 Heft 4 (zitiert als: Breucker, SpuRt 4/2005, Spielfeld- Flitzer, S. .)
Bundeszentrale für politische Bildung	Zuschauer, Fans und Hooligans Informationen zur politischen Bildung Heft 290 Fußball – mehr als ein Spiel (zitiert als: bpb, Heft 290, S. .)
Busch, Ralf	Das erreichte nicht schlecht reden Stadionwelt Magazin 2005 Heft 6 Hrsg. Krämer Thomas (zitiert als: Busch, Stadionwelt 2006, S. .)
Deutsche Sportjugen (dsj)	Ergebnisbericht der Arbeitsgruppe Nationales Konzept Sport und Sicherheit 1. Aktualisierter Nachdruck Dezember 2003 (Zitiert als: Arbeitsgruppe NKSS 1992, S. .)

Deutscher Fußball   Evaluierung Stadionverbote
Bund   März 2008 – Dezember 2010
Power Point Präsentation
Stand 23.12.2010

(zitiert als: Evaluierung Stadionverbote, S. .)

Diener, Stefan   Hysterie oder neue Gefahr?
Partecke, Ingo   Stadionwelt Magazin 2005 Heft 5
Hrsg. Krämer Thomas

(zitiert als: Diener/Partecke, Stadionwelt
2005, S. .)

Dreier, Horst   Grundgesetzkommentar
Band II
2. Auflage
Mohr Siebeck 2006

(zitiert als: Dreier, Verfasser, Art. 20, (Rechtsstaat) Rn. .)

Epping, Volker   Beck'scher Online-Kommentar GG
Hillgruber, Christian   Hrsg.: Epping/Hillgruber
München Edetion: 11
Stand: 01.07.2011

(zitiert als: Epping/Hillgruber, Verfasser, Art.
Rn. .)

Freiberg, Konrad   Sicherheitsvorkehrungen wesentlich besser
Interview
Stadionwelt 2005 Heft 5

(Zitiert als: Freiberg, Stadionwelt, S. .)

Fritzweiler, Jochen   Praxishandbuch Sportrecht
2. Auflage
München 2007

(zitiert als: PHB SportR, Fritzweiler, Kapitel
Rn. .)

Gietl, Andreas   Bundesweites Stadionverbot – Wechselwirkun-
gen von Zivil-, Straf-, und öffentlichem Recht
Juristische Rundschau 2010

(Zitiert als: Gietl, JR 2010, S. .)

Gödicke, Patrick Hammen, Horst Schur, Wolfgang Walker, Wolf-Dietrich	Festschrift für Jan Schapp zum siebzigsten Geburtstag Bundesweite Stadionverbote auf dem Prüf- stand des Zivilrechts Morh Siebeck 2010
	(zitiert als: Walker, Bundesweite Stadionver- bote auf dem Prüfstand, S. .)
Gola, Peter Schomerus, Rudolf	Bundesdatenschutzgesetzkommentar München 2010 10. Auflage
	(zitiert als: Gola/Schomerus, BDSG, § 16 Rn. .)
Greger, Reinhard	Anmerkungen zum Beschluss des OLG München vom 09.05.1989, Az.: 9 VA 3/89
	(zitiert als: Greger, NJW 1989, S. .)
Heermann, Peter W.	Anmerkung zu BGH Urteil vom 30.10.2009 Neue Juristische Wochenzeitschrift 2010
	(zitiert als: Heermann, NJW 2010, S. .)
Hilpert, Horst	Das Fußballstrafrecht des Deutschen Fußball- Bundes (DFB) Kommentar, Berlin 2009
	(zitiert als: Hilpert, Das Fußballstrafrecht des DFB, S. .)
Höfling, Wolfram Horst, Johannes	Sport und Gewalt Aus der Reihe Sport – Recht – Gesellschaft 2 Mohr Siebeck 2011
	(zitiert als: Sport und Gewalt, Verfasser, S. .)
Jauernig, Othmar	BGB Kommentar 13. Auflage München 2009
	(zitiert als: Jauernig, Verfasser, § Rn. .)

Karlsruher Kommen- Karlsruher Kommentar zur Strafprozessord-
tar nung
Hrsg. Rolf Hannich
8. Auflage
München 2008

(zitiert als: Karlsruher Kommentar, StPO §
160, Rn. .)

Kindhäuser, Urs Strafgesetzbuch
Neumann, Ulfried Kommentar
Paeffgen, Hans-Ulrici 3. Auflage 2010

(zitiert als: Kindhäuser/Neumann/Paeffgen,
Hassemer/Neumann, Vor. § 1 Rn. .)

Klesczewski, Diethelr Das bundesweite Stadionverbot als unzulässi-
ge Privatstrafe
Geburtstagsgabe für Prof. Dr. Michael Kahlo
Leipzig 2010

(zitiert als: Klesczewski, Geburtstagsgabe, S.
.)

Klesczewski, Diethelr Anmerkung zum Urteil des BGH vom
30.10.2009
Juristen Zeitung 2010

(zitiert als: Klesczewski, JZ 2010, S. .)

Lüke, Wolfgang Sachenrecht
München 2009

(zitiert als: Lüke, Sachenrecht, § Rn. .)

Mangoldt, Hermann › Grundrechtskommentar
Klein, Friedrich Band 2
Starck, Christian 6. Auflage
München 2010

(zitiert als: Mangoldt/Klein/Strack, Verfasser,
Art. 20, Rn. .)

Martinek, Michael Handbuch des Vertriebsrecht
Semler, Franz-Jörg 3. Auflage
Habermeier, Stefan München 2010
Flohr, Eckhard

(zitiert als: Marti-
nek/Semler/Habermeier/Flohr, Vertriebsrecht,
Verfasser, § Rn. .)

Marzahn, Thomas	Fans im Fokus – Zivilrechtliche Reaktionen auf ein soziologisches Phänomen Entscheidungsbesprechung Zeitschrift für das Juristische Studium 3/2010
	(zitiert als: Marzahn, ZJS 3/2010, S. .)
Maunz, Theodor Dürig, Günter	Grundgesetz Kommentar Band V München 2009
	(zitiert als: Maunz/Dürig, GG, Verfasser, Art. Rn. .)
Meder, Stephan Czelk, Andrea	Grundwissen Sachenrecht 2. Auflage Köln u.a. 2008
	(zitiert als: Meder/Czelk, Grundwissen Sachenrecht, S. .)
Morbach, Andreas	Die Erwartungen wurden übertroffen Interview Stadionwelt Magazin 2006 August/September Hrsg. Krämer Thomas
	(zitiert als: Morbach, Stadionwelt 2006, WM-Rückblick, S. .)
Münchner Kommenta	BGB Kommentar Band 6 Sachenrecht Hrsg.: Rebmann/Säcker/Rixecker 4. Auflage München 2004
	(Zitiert als: MünKommentar, Verfasser, § Rn. .)
Musielak, Hans-Joachim	ZPO Kommentar 8. Auflage München 2011
	(Zitiert als: Musielak, ZPO, Verfasser, § Rn. .)
Nolte, Martin	Aufgaben und Befugnisse der Polizeibehörden bei Sportgroßveranstaltungen Neue Zeitschrift für Verwaltungsrecht 2001
	(zitiert als: Nolte NVwZ 2001, S. .)

Orth, Jan F. *Schiffbauer, Björn*	Die Rechtslage beim bundesweiten Stadion- verbot Rechtswissenschaft 2011
	(zitiert als: Orth/Schiffbauer, RW 2011, S. .)
Pfeiffer, Gerd	StPO Kommentar 5. Auflage München 2005
	(zitiert als: Pfeiffer, StPO § 160, Rn. .)
Pilz, Gunter A.	Ultras und Supporter Dossier Fußball-WM 2006 der Bundeszentrale für politische Bildung Mai 2006
	(zitiert als: Pilz, Ultras und Supporter.)
Pilz, Gunter A. *Wölki-Schumacher,* *Franciska*	Übersicht über das Phänomen der Ultrakultur in den Mitgliedsstaaten des Europarates im Jahre 2009 Expertise für den Europarat Hannover Januar 2010
	(zitiert als: Pilz/Wölki-Schumacher, Übersicht über das Phänomen der Ultrakultur, S. .)
Preis, Ulrich	Arbeitsrecht Individualarbeitsrecht 3. Auflage Köln 2009
	(zitiert als: Preis, Arbeitsrecht, S. .)
Prütting, Hanns	Sachenrecht 34. Auflage München 2010
	(zitiert als: Prütting, Sachenrecht § Rn. .)
Prütting, Hanns *Wegen, Gerhard* *Weinreich, Gerd*	BGB Kommentar 5. Auflage Köln 2010
	(zitiert als: Prütting/Wegen/Weinreich, Verfas- ser § Rn. .)

Raack, Alex	Draussen vor der Tür 11 Freunde Magazin Berlin September 2011
	(zitiert als: Raack, Draussen vor der Tür, S. .)
Ruhs, Florian	Sicherheit und Ordnung bei Fußballgroßereignissen München und Ravensburg 2008
	(zitiert als: Ruhs, Sicherheit und Ordnung, S. .)
Schreiber, Klaus	Sachenrecht Stuttgart u.a. 2003
	(zitiert als: Schreiber, Sachenrecht, Rn. .)
Sengle, Alfred	Wir haben klare Konzepte Interview im Magazin Stadionwelt Ausgabe 2005 Heft 6
	(zitiert als: Sengle, Stadionwelt 2006, S. .)
Siekmann, Robert C. R.	Fußball-Hooliganismus Recht und Sport Band 38: Hooliganismus Hrsg.: Wolf-Dietrich Walker Stuttgart 2009
	(zitiert als: Siekmann, Fußball-Hooliganismus, S. .)
Spahn, Helmut	Evaluierung Stadionverbote Präsentation März 2008 – Dezemberg 2010
	(zitiert als: Evaluierung Stadionverbote, S. .)
Spahn, Helmut	Die Sicherheitskonzeption des Deutschen Fußball-Bundes Recht und Sport Band 38: Hooliganismus Hrsg.: Wolf-Dietrich Walker Stuttgart 2009
	(zitiert als: Spahn, Sicherheitskonzeption des DFB, S. .)

Stadionwelt Magazin	Stadionwelt Das Fan- und Stadionmagazin Hrsg. Krämer Thomas Brühl 2005 (zitiert als: Stadionwelt, Jahrgang, Heft, S. .)
Staudinger, Julius vo	Gesamtwerk Staudinger Buch 2 Recht der Schuldverhältnisse Neubearbeitung Berlin 2004 (zitiert als : Staudinger, Verfasser, § Rn. .)
Thesing, Maik	Musterprozess noch in dieser Saison? Stadionwelt Magazin 2005 Heft 3 Hrsg. Krämer Thomas (zitiert als: Thesing, Stadionwelt 2005, S. .)
Vieweg, Klaus *Werner, Almuth*	Sachenrecht 4. Auflage Köln 2010 (zitiert als: Vieweg/Werner, Sachenrecht, § 9 Rn. .)
Volke, Jens	Sicherheit im Stadion – bedroht durch Fans Vortrag vom 18. Mai 2011 (zitiert als: Volke, Sicherheit im Stadion – bedroht durch Fans, S. .)
Vorwerk, Volkert *Wolf, Christian*	Beck'scher Online-Kommentar ZPO Hrsg.: Vorwerk/Wolf München Edition 1 Stand 01.06.2011 (zitiert als: Vorwerk/Wolf, Verfasser, § Rn. .)
Walker, Wolf-Dietrich *Klopp, Thorben*	Anmerkung zum Urteil des BGH vom 30.10.2009 Zivilrecht LMK 2010 Kommentierte BGH Rechtsprechung (zitiert als: Walker/Klopp, LMK 2010, 295984.)

Weinreich, Gregor	Gipfeltreffen beim DFB Interview im Magazin Stadionwelt Ausgabe 2004 Heft 9 (zitiert als: Weinreich, Stadionwelt, S. .)
Weller, Marc-Philippe	Die Haftung von Fußballvereinen für Randale und Rassismus Neue Juristische Wochenzeitschrift 2007 (zitiert als: Weller, NJW 2007, S. .)
Wieling, Hans Josef	Sachenrecht 5. Auflage Berlin u.a. 2007 (zitiert als : Wieling, Sachenrecht, § Abs. .)
Wilhelm, Jan	Sachenrecht 4. Auflage Berlin/New York 2010 (zitiert als: Wilhelm, Sachenrecht, Rn. .)
Wolf, Manfred *Wellenhofer, Marina*	Sachenrecht 25. Auflage München 2010 (zitiert als: Wolf/Wellenhofer, Sachenrecht, § 3 Rn. .)

Internetquellen

Biermann, Christoph	Freunde für einen Tag Spiegel Online Artikel 11.10.2010 abgerufen am 19. September 2011 http://www.spiegel.de/sport/fussball/0,1518,72 2340,00.html (zitiert als: Biermann, Freunde für einen Tag.)
Bundesarbeitsgemeinschaft Fanprojekte	Pressemitteilung vom 04. April 2008 abgerufen am 19. September 2011 http://www.bag-fanprojekte.de/index.php?option=com_content&task= view&id=150&Itemid=2 (zitiert als: BAG-Fanprojekte, Pressemitteilung.)
Bundesligavereine	Erklärung zu den Stadionverboten der Bundesligisten abgerufen am 19. September 2011 http://www.dfb.de/uploads/media/Erklaerungen_BL_09-10_final.pdf (zitiert als: Erklärung zu den Stadionverboten der Bundesligisten.)
Deutsche Fußball Liga	Wem gehören die Stadien Bundesliga.de Online Artikel vom 25. April 2007 abgerufen am 19. September 2011 http://www.bundesliga.de/de/liga/news/2006/index.php?f=59292.php (zitiert als: DFL, Wem gehören die Stadien.)
Deutscher Fußball Bund	Richtlinien zur einheitlichen Behandlung von Stadionverboten (StVerRl) In Kraft seit 31. März 2008 abgerufen am 19. September 2011 http://www.dfb.de/uploads/media/SV_RiLi_ab_31032008_01.pdf (zitiert als: StVerRl des DFB.)

Deutscher Fußball Bund	Satzung In der seit dem 22. Oktober 2010 gültigen Fassung abgerufen am 19. September 2011 http://www.dfb.de/uploads/media/02_Satzung_01.pdf (zitiert als: Satzung des DFB.)
Deutscher Fußball Bund	Spielordnung In der seit dem 01. Januar 2008 gültigen Fassung abgerufen am 19. September 2011 http://www.dfb.de/uploads/media/05_Spielordnung.pdf (zitiert als: Spielordnung des DFB.)
Deutscher Fußball Bund	Durchführungsbestimmungen In der seit dem 30. November 2009 gültigen Fassung abgerufen am 19. September 2011 http://www.dfb.de/uploads/media/06_Durchfuehrungsbestimmungen.pdf (zitiert als: Durchführungsbestimmung des DFB.)
Deutscher Fußball Bund	Erklärung zu den Stadionverboten des DFB abgerufen am 19. September 2011 http://www.dfb.de/uploads/media/DFB-Erklaerung_Stadionverbote.pdf (zitiert als: Erklärung zu den Stadionverboten des DFB.)
Deutscher Fußball Bund	Musterstadionordnung des DFB abgerufen am 19. September 2011 http://www.dfb.de/uploads/media/Muster-Stadionordnung_01.pdf (zitiert als: DFB, Musterstadionordnung.)

Fan-Projekt Berlin   Zum Umgang mit bundesweiten Stadionverboten
Empfehlungen, aus einer Tagung des DFB aus
dem Jahr 2003, an die Vereine
Berlin März 2004
abgerufen am 19. September 2011
http://www.kos-
fanprojekte.de/index.php?id=fanarbeit-
stadionverbote

(zitiert als: Fan-Projekt Berlin, Zum Umgang mit
bundesweiten Stadionverboten.)

Fanrechtefonds   Fußballfans gründen Fanrechtefonds,
Online-News Artikel
abgerufen am 19. September 2011
http://www.fanrechtefonds.de/download/pe_07
1206_fanrechtefonds_hp.pdf

(zitiert als: Fanrechtefonds, Fußballfans gründen Fanrechtefonds.)

Fanrechtefonds   Pressemitteilung vom 17.12.2009
abgerufen am 19. September 2011
http://www.fanrechtefonds.de/pages/news.html

(zitiert als: Fanrechtefonds, Pressemitteilung
vom 17.12.2009.)

Fanrechtefonds   Satzung des Fanrechtefonds
abgerufen am 19. September 2011
http://www.fanrechtefonds.de/pages/satzung.ht
ml

(zitiert als: Fanrechtefonds, Satzung.)

Freiberg, Konrad   Stadionverbot auf Verdacht
News Artikel
abgerufen am 19. September 2011
http://www.zeit.de/sport/fussball/2009-
10/stadionverbot-bgh-urteil

(zitiert als: Freiberg, Stadionverbot auf Verdacht.)

Gabriel, Michael

Interview mit dem Leiter der Koordinationsstelle Fanprojekte (Kos)
Stern online
Erscheinungsdatum 05. September 2011
abgerufen am 19. September 2011
http://www.stern.de/sport/fussball/interview-mit-michael-gabriel-ueber-das-phaenomen-ultras-1724158.html

(zitiert als: Gabriel, Stern Interview 5.9.2011.)

Gewerkschaft der Polizei

Pressemitteilung vom 13.05.2011
Stadionverbote konsequent aussprechen
abgerufen am 19. September 2011
http://www.gdp.de/id/p110506

(Zitiert als: GdP, Stadionverbote konsequent aussprechen, PM vom 13.05.2011.)

Gewerkschaft der Polizei

Pressemitteilung vom 30.10.2009
GdP begrüßt BGH – Urteil zu Stadionverboten
abgerufen am 19. September 2011
http://www.gdp.de/gdp/gdplsa.nsf/id/DE_Stadionverbot

(Zitiert als: GdP, Begrüßt BGH Urteil.)

Glindmeier, Mike

Der lange Weg zum Recht auf Fußball
Artikel vom 01.11.2007
Spiegel Online
abgerufen am 19. September 2011
http://www.spiegel.de/sport/fussball/0,1518,514588,00.html

(zitiert als: Glindmeier, der lange Weg zum Recht auf Fußball.)

Hardenberg, Adriana von

Voraussetzungen und Folgen eines bundesweiten Stadionverbots im Berufsfußball (Deutschland – Schweiz)
Seminararbeit
Frühjahrssemester 2010
abgerufen am 19. September 2011
http://www.unil.ch/webdav/site/cda/shared/HardenbergBundesweitesStadionverbot.pdf

(zitiert als: Hardenberg, Stadionverbot, S. .)

Kerscher, Helmut	Rechtsstaatlich untragbar Kommentar in der Süddeutschen Zeitung vom 30.10.2009 abgerufen am 19. September 2011 http://www.sueddeutsche.de/sport/urteil-zu-stadionverboten-rechtsstaatlich-untragbar-1.146982 (zitiert als: Kerscher, Rechtsstaatlich untragbar.)
Kühl, Olaf	Event oder Randale – der deutsche Fußball am Scheideweg Erschienen im Landesjournal der GdP M-V - Ausgaben 11 – 12 (2008/2009) abgerufen am 19. September 2011 http://www.gdp.de/gdp/gdpmp.nsf/id/DE_GdP_ M-V_Event_oder_Randale_- _der_deutsche_Fuszball_am_Scheideweg (zitiert als: Kühl, Event oder Randale.)
Landesamt für Zentrale Polizeiliche Dienste	Gewalttäter Sport Informationsartikel abgerufen am 19. September 2011 http://www.polizei-nrw.de/lzpd/wir_ueber_uns/zis/article/datei-gewalttaeter-sport.html (zitiert als: LZPD, Gewalttäter Sport.)
Lüdeke, Steffen	Der Willkür die Tür geöffnet Die Welt online Kommentar vom 31. Oktober 2009 abgerufen am 19. September 2011 http://www.welt.de/die-welt/debatte/article5034678/Der-Willkuer-die-Tuer-geoeffnet.html (zitiert als: Lüdeke, Der Willkür die Tür geöffnet.)
Pro-Fans	Stadionverbot Informationsflyer abgerufen am 19. September 2011 http://www.profans.de/stadionverbot (zitiert als: Pro-Fans, Stadionverbot.)

Rautenberg, Ingo	Gewalttätigkeiten bei Großveranstaltungen (insbesondere Fußball) – aus Sicht der Polizei Langfassung Oktober 2010 abgerufen am 19. September 2011 http://www.bka.de/nn_227676/SharedDocs/Downloads/DE/Publikationen/Herbsttagungen/2010/herbsttagung2010rautenbergLangfassung,templateId=raw,property=publicationFile.pdf/herbsttagung2010rautenbergLangfassung.pdf
	(zitiert als: Rautenberg, Gewalttätigkeiten bei Großveranstaltungen, S. .)
Schneider, Mara	Stadionverbote auf Verdacht: Sinnvolles Mittel oder unzulässige Willkür Artikel vom 30.10.2009 News.de abgerufen am 19. September 2011 http://www.news.de/sport/855030463/sinnvolles-mittel-oder-unzulaessige-willkuer/1/
	(zitiert als: Scheider, Stadionverbote auf Verdacht.)
Stadionwelt Online	Neue Richtlinien gelten ab dem 31. März Stadionwelt – Fans News Artikel vom 20. Februar 2008 abgerufen am 19. September 2011 http://www.stadionwelt-fans.de/index.php?head=Stadionverbote-Neue-Richtlinien-gelten-ab-31-Marz&folder=sites&site=news_detail&news_id=1528
	(zitiert als: Stadionwelt, Neue Richtlinien ab dem 31. März.)

Stadionwelt Online   Neufassung der Stadionverbotsrichtlinien
                         beschlossen
                         Stadionwelt – Fans
                         News Artikel vom 28. November 2007
                         abgerufen am 19. September 2011
                         http://www.stadionwelt-
                         fans.de/index.php?head=Neufassung-der-
                         Stadionverbotes-Richtlinien-
                         beschlos-
                         sen&folder=sites&site=news_detail&news_id=1
                         356

                         (zitiert als: Stadionwelt, Neufassung der Stadi-
                         onverbotsrichtlinien
                         beschlossen.)

Stadionwelt Online   Weitere Stimmen zu den Stadionverbotsrichtli-
                         nien 2007
                         Stadionwelt – Fans
                         News Artikel vom 03. Dezember 2007
                         abgerufen am 19. September 2011
                         http://www.stadionwelt-
                         fans.de/index.php?head=Weitere-Stimmen-zu-
                         den-
                         Stadionverbotesrichtlinien&folder=sites&site=ne
                         ws_detail&news_id=1364

                         (zitiert als: Stadionwelt, Weitere Stimmen zu
                         den Stadionverbotsrichtlinien.)

Stadionwelt Online   Evaluierung Stadionverbotsrichtlinien: Kaum
                         Veränderungen
                         Stadionwelt – Fans
                         News Artikel vom 04. Februar 2009
                         abgerufen am 19. September 2011
                         http://www.stadionwelt-
                         fans.de/index.php?head=Evaluierung-
                         Stadionverbotesrichtlinien-Kaum-
                         Anderungen&folder=sites&site=news_detail&ne
                         ws_id=2361

                         (zitiert als: Stadionwelt, Evaluierung Stadion-
                         verbotsrichtlinien.)

Winter, Jens	Stadionverbote – Grundlagen und kritische Auseinandersetzung Seminararbeit November 2010 abgerufen am 19. September 2011 http://www.rot-schwarze- hilfe.de/downloads/Seminararbeit.pdf (zitiert als: Winter, Stadionverbote, S. .)
Zentrale Informationsstelle Sporteinsätze	ZIS – Jahresbericht Fußball Saison 2009/2010 Hrsg.: Landesamt für Zentrale Polizeiliche Dienste NRW abgerufen am 19. September 2011 http://www.polizei- nrw.de/lzpd/stepone/data/downloads/95/00/00/ jahresbericht_zis_09-10.pdf (zitiert als: ZIS – Jahresbericht Fußball 2009/2010, S. .)
Zuck, Holger	Verfassungsrechtler Holger Zuck über Stadion- verbote 11 Freunde Interview abgerufen am 19. September 2011 http://www.11freunde.de/bundesligen/143079 (zitiert als: Zuck, 11 Freunde Interview.)